AF588993

CHARLOTTE CORDAY

TRAGÉDIE

REPRÉSENTÉE, POUR LA PREMIÈRE FOIS, SUR LE THÉÂTRE-FRANÇAIS
LE 23 MARS 1850.

LISTE GÉNÉRALE DES PERSONNAGES ET DES ACTEURS

PERSONNAGES.	ACTEURS.
PROLOGUE	
LA MUSE CLIO	Mlle FIX.
CHARLOTTE CORDAY (1)	
MARAT	M. GEFFROY.
DANTON	M. BIGNON.
BARBAROUX	M. LEROUX.
VERGNIAUD	M. RANDOUX.
UN ORATEUR	M. GOT.
ROBESPIERRE	M. FONTA.
SIEYÈS	M. MAUBANT.
UN VIEUX GENTILHOMME	M. MIRECOURT.
LOUVET	M. DELAUNAY.
CAMILLE DESMOULINS	M. CHERI.
ROLAND. UN CITOYEN.	M. ROSAMBEAU.
LAURENT. UN CITOYEN.	M. POUGIN.
UN CITOYEN. UN COUTELIER.	M. MATHIEN.
BUZOT. UN CITOYEN.	M. THÉOPHILE.
PÉTION. UN GEOLIER.	M. TRONCHET.
PHILIPPEAUX	M. MICHALET.
UN VIEIL AMI DE Mme DE BRETTEVILLE	M. BERNARD.
UN CITOYEN	M. BERTIN.
CHARLOTTE CORDAY	Mlle JUDITH.
Mme ROLAND	Mlle NATHALIE.
Mme DE BRETTEVILLE	Mme THÉNARD.
ALBERTINE MARAT	Mme NOBLET.
UNE JEUNE FEMME	Mlle FAVART.
UNE VIEILLE DAME	Mme MIRECOURT.
UNE VIEILLE DAME	Mme BLANCHE.
MARTHE, SERVANTE DE Mme BRETTEVILLE	Mme PORTALIS.
UNE PETITE FILLE	Mlle CÉLINE MONTALAND.

GIRONDINS, DOMESTIQUES, VIEILLES DAMES, LE GÉNÉRAL WIMPFEN, AIDES DE CAMP, OFFICIERS, BOURGEOIS, BOURGEOISES, FEMMES DU PEUPLE, BONNES D'ENFANTS, ENFANTS, PROTES, IMPRIMEURS, PORTEURS DE JOURNAUX, BROCHEUSES, PEUPLE, GENDARMES.

(1) La pièce est imprimée telle qu'elle a été écrite. La dernière scène du deuxième acte et la dernière scène du troisième acte n'ont jamais été représentées ; le cinquième acte ne l'a été qu'une fois ; le monologue de Charlotte, au Palais-Royal, scène IV du quatrième acte, est abrégé à la représentation.

Voir les notes 3, 4, 7 et 8, à la fin du volume.

CHARLOTTE
CORDAY

TRAGÉDIE

EN CINQ ACTES ET EN VERS

PAR

F. PONSARD

PARIS
PUBLIÉ PAR E. BLANCHARD
ANCIENNE LIBRAIRIE HETZEL
RUE RICHELIEU, 78

1850

PROLOGUE

LA MUSE CLIO

AUX SPECTATEURS

Je suis la Muse de l'Histoire.
La Grèce, où sont nés tous les arts,
Me salua, comme sa gloire,
Quand j'apparus à ses regards.
Des Muses la troupe dansante,
Heureuse d'une sœur naissante,
Accourut près de mon berceau;
Un Dieu me versa l'ambroisie;
Pour moi chanta la Poésie;
La Peinture offrit son pinceau.

Ainsi, riche de leurs offrandes,
Je grandissais parmi mes sœurs,
Me couronnant de leurs guirlandes,
Et dansant au milieu des chœurs.
C'était l'âge des chansons folles;
Mais pour les austères paroles
J'oubliai les folles chansons.
Bientôt, saisissant mon domaine,

Je contemplai l'histoire humaine,
Et j'en méditai les leçons.

Quand, voyageuse opiniâtre,
J'eus parcouru le monde ancien,
Je descendis sur le théâtre,
Devant le peuple Athénien.
Je mis sous les yeux de la foule
L'événement qui se déroule
De la cause jusqu'à l'effet:
Je fis voir, dans mes chants sévères,
Aux fils ce qu'avaient fait leurs pères,
Et ce qu'eux-mêmes avaient fait.

O Athènes! ô ma patrie!
Ton nom sera toujours chanté.
Ton lait vigoureux m'a nourrie:
Je paie en immortalité.
Laissons l'inglorieux Satrape,
Dont le nom ignoré m'échappe,
S'endormir dans la pourpre et l'or.
Malheur à qui craint la lumière!
L'Asie est morte tout entière;
Terre des arts, tu vis encor!

Elle s'avance vers le public.

Et vous, qui vous nommez les héritiers d'Athène,
Français, n'oserez-vous me voir sur votre scène?
Je ne déguise rien; je dis tout dans mes vers;
Je suis fière, il est vrai; mais je parle aux cœurs fiers.
Il n'appartient vraiment qu'aux races dégradées
D'avoir lâchement peur des faits et des idées.
Sur un événement épaississez l'oubli,

Vous n'empêcherez pas qu'il ne soit accompli.
En vain vous contraindrez les bouches au silence;
L'esprit s'indignera de cette violence;
Dans l'ombre et le secret vos monstres grandiront,
Et si vous vous taisez, d'autres en parleront.
Appelez bien plutôt sur ce qui vous effraie
Le jour qui rétablit la proportion vraie,
Et dépouille l'objet, à lui-même réduit,
De l'aspect colossal que lui prêtait la nuit.
D'ailleurs, il ne faut pas rougir de votre histoire;
Pour être ensanglantée, elle n'est pas sans gloire.
Fils de quatre-vingt-neuf, pourquoi vous outrager?
Ne parlez pas de vous plus mal que l'étranger.
Je pleure, ô liberté! je pleure tes victimes;
Mais les âges passés sont-ils donc purs de crimes?
Vous permettez au drame, introduit chez les rois,
De vous montrer Néron, Macbeth et Richard trois;
Et pourtant leurs forfaits, illustrés par la Muse,
D'un fanatisme ardent n'avaient pas eu l'excuse.
Des hommes bien connus paraîtront devant vous.
Girondins, Montagnards, je les évoque tous.
Mais qu'en les écoutant la passion se taise!
Je bannis de mes vers l'allusion mauvaise;
Je suis l'impartiale Histoire, et je redis
Ce qu'ont dit avant moi ceux qui vivaient jadis.
Si je reproduis mal les discours et les actes,
Blâmez; si j'ai tracé des peintures exactes,
Ne vous irritez point de ma fidélité.
Ma franchise n'est pas une complicité.
Fallait-il, pour gagner un facile auditoire,
Selon ses passions accommoder l'histoire?
Non. Je ferais injure aux différents partis,
Si je ne leur offrais que des faits travestis.

Gardez tous votre foi ; la foi, c'est l'héroïsme.
Je ne conseille pas l'impuissant scepticisme.
Mais le seul examen fait la solide foi ;
— Si vous osez juger, Français, regardez-moi.

ACTE PREMIER

ACTE I. — PERSONNAGES

ROLAND. — Mme ROLAND. — VERGNIAUD. — SIEYES — BARBAROUX. — LOUVET. — PÉTION. — BUZOT. — DANTON — TROIS GIRONDINS. — DOMESTIQUES.

La droite et la gauche s'entendent de la droite et de la gauche du spectateur.

CHARLOTTE CORDAY

ACTE PREMIER

22 septembre 1792, huit heures du soir. — La République vient d'être proclamée par la Convention. — Un dîner chez madame Roland, à Paris. — La salle à manger occupe le fond du théâtre. Les portes du fond s'ouvrent sur une antichambre. — Sur le devant de la scène, un salon, séparé de la salle à manger par des pilastres. — La salle à manger est vivement éclairée par des candélabres posés sur la table et un lustre suspendu au plafond. Pendant le dîner, le salon reste obscur. — On est au dessert : la table, élégamment servie, est chargée de fruits et de fleurs. Madame Roland est assise à la place du milieu, faisant face au public, et ayant Sieyès à sa droite et Vergniaud à sa gauche ; Barbaroux est assis à la droite de Vergniaud. — Des statues antiques, des vases grecs ornent les appartements. On reconnaît dans l'ameublement la recherche du grec et du romain.

SCÈNE PREMIÈRE

PÉTION, ROLAND, LOUVET, BUZOT, UN GIRONDIN, SIEYES, MADAME ROLAND, VERGNIAUD, BARBAROUX, DEUX GIRONDINS, assis autour de la table, dans l'ordre indiqué. — AU FOND QUATRE DOMESTIQUES.

BARBAROUX, montrant aux convives Vergniaud, absorbé dans ses réflexions, puis s'adressant à celui-ci.

Réveillez-vous, Vergniaud, taciturne rêveur!
Daignez nous accorder quelques mots par faveur.
On connaît les façons de votre nonchalance :
Vous feignez d'écouter pour garder le silence,
Et vos rêves, suivant paisiblement leur cours,
Bercent leur doux sommeil du bruit de nos discours.

MADAME ROLAND.

Non, laissez, Barbaroux ; respectons sa pensée.
Gardons-nous d'interrompre une œuvre commencée.
Qui sait ce qui s'achève en ce recueillement!

A Vergniaud

N'écoutez pas, Vergniaud. Méditez longuement;
Méditez, s'il est vrai qu'abjurant sa paresse,
Vergniaud prépare enfin la foudre vengeresse,
Et, dénonçant le vol et les assassinats,
Promette Cicéron à nos Catilinas.
Ah! si j'étais Vergniaud, pour une œuvre pareille
Je ne m'épargnerais ni fatigue ni veille;
J'aimerais mieux, le front appuyé sur la main,
Pâlir depuis le soir jusques au lendemain,
Que de laisser ma force un moment inféconde,
Puisqu'on la tient de Dieu pour la donner au monde.
— Mais vous vous reposez, et c'est mal à propos;
Qui peut si bien agir n'a pas droit au repos.
A quoi sert-il qu'un homme, au cœur patriotique,
Ait hérité, chez nous, de l'éloquence antique,
Si, quand tous les tyrans ne sont pas abattus,
Nous devons lui crier : tu dors, tu dors, Brutus!

VERGNIAUD.

Eh bien! donc, que Brutus se charge de m'absoudre,
Lui qui savait dormir et savait se résoudre.
D'ailleurs, à son réveil, hélas! qu'a-t-on gagné?
Il a tué César; mais Auguste a régné.
Le cours de toute chose a ses sources lointaines
Où s'amassent longtemps les passions humaines,
Et, quand le flot grossi doit enfin déborder,
Nul homme, quel qu'il soit, ne saurait le guider.
Contre ces passions, dont le torrent nous presse,
Amis, pardonnez-moi si je sens ma faiblesse;
Mais les événements n'ont jamais mieux fait voir
Que les plus clairvoyants ne peuvent rien prévoir.
— Certe, une royauté, vieille comme la France,
Désarmée, en un an, de sa toute-puissance,

Les volontés du peuple écrites dans les lois,
Et tous les fronts courbés sous le niveau des droits,
C'était une si grande et si pleine victoire,
Que naguère pas un ne l'aurait osé croire,
Ou que, si cet espoir eût pu luire à nos yeux,
Pas un n'eût souhaité quelque chose de mieux.
Et pourtant combien l'œuvre a dépassé le rêve!
Point de repos; — il faut que le destin s'achève;
Sur le passé détruit rien ne reste debout,
Et voici qu'un matin, le canon du dix août,
Emportant sans combat la monarchie antique,
Annonce à l'avenir la jeune république.
— A ce bruit inconnu, troublant votre tombeau,
Vous avez dû frémir, cendres de Mirabeau!
Laissons au soin des Dieux ce qu'on ne peut connaître:
Évitons de chercher ce que demain doit être.
Demain, ô compagnons des maux déjà soufferts,
Nous parcourrons encor l'immensité des mers;
Aujourd'hui, mes amis, cueillons l'heure présente,
Et les plaisirs permis par la grâce décente.

MADAME ROLAND.

A la bonne heure. Donc, à demain le souci!
Aussi bien c'est un jour sacré que celui-ci.
Un beau jour, Citoyens! — La République est née.

Elle se lève.

Salut vingt-deux septembre, immortelle journée!
Puisse se prolonger dans l'avenir lointain
L'ère républicaine, ouverte ce matin!

A un domestique.

Apportez à Vergniaud cette coupe profonde;

Le domestique prend sur une petite table de service une coupe de forme antique, qu'il donne à Vergniaud.

Versez-y largement le vin de la Gironde.

Elle remet au domestique une bouteille de vin de Bordeaux ; le domestique remplit la coupe.

A Vergniaud.

Vous boirez à la France ! — Après un jour pareil,
Vous qui citiez Horace, écoutez son conseil :

« Frappez d'un pied joyeux, frappez le sol sonore ;
« Portez les mets exquis sur la table des Dieux ;
« C'est maintenant, amis, qu'il faut vider l'amphore,
« Et puiser le cécube au cellier des aïeux.

« Plus tôt c'était un crime. En son ivresse folle,
« Au milieu d'un troupeau d'esclaves dissolus,
« Une reine apprêtait la flamme au Capitole,
« Et des fers étrangers aux fils de Romulus. »

Les convives s'inclinent devant madame Roland en faisant entendre un murmure d'approbation.

LOUVET.

Poursuivez ; il vous sied de nous traduire Horace
Qui chanta l'amitié, la sagesse et la grâce.
Oui, rendez-nous l'esprit du poëte latin ;
Et que n'est-il assis lui-même à ce festin !
Il trouverait chez nous une muse moderne
Qui l'inspirerait mieux que son meilleur Falerne,
Et pour qui, désertant Mécène négligé,
Il oublîrait Phyllis, Néère et Lalagé.

VERGNIAUD, *debout et la coupe en main.*

A ton éternité, République naissante !

Tous se lèvent.

Sois généreuse et forte, équitable et puissante ;
Combats tes ennemis, mais pardonne au malheur ;
Fais oublier les rois par un règne meilleur.

Tu vivras, si, croyant toi-même à ta durée,
Tu poursuis lentement ton œuvre mesurée,
Et si, pour convertir ceux qui doutent de toi,
Tu comptes sur l'amour et non pas sur l'effroi.

Au moment où il approche la coupe de ses lèvres, madame Roland lui retient le bras.

MADAME ROLAND.

Souhaitez plus encor. Pour la rendre accomplie,
Souhaitez qu'elle soit élégante et polie.
Le langage élégant donne les douces mœurs,
Et la férocité rougit de ses clameurs.
— Ouvrez l'amphithéâtre, et préparez les fêtes!
Parlez, grands orateurs! chantez, divins poëtes!
Et des fleurs de Platon l'on va vous couronner,
Non pas pour vous bannir, mais pour vous enchaîner.
La noble République, où le ciel nous convie,
N'abaisse pas la gloire au niveau de l'envie;
Nous n'aurions fait que perdre au change des tyrans,
S'il fallait qu'on subît le joug des ignorants.
A Dieu ne plaise! — En fait de mœurs républicaines,
Laissons la Béotie; amis, soyons d'Athènes.

Elle détache un bouquet de roses de sa ceinture, et l'effeuille dans la coupe de Vergniaud. Buzot et Louvet tendent leurs verres pour y recevoir quelques feuilles de roses.

Mêlons, comme les Grecs avaient accoutumé,
Le parfum de la rose et le vin parfumé;
Et que le souvenir de cet antique usage
D'un siècle Athénien soit le premier présage!

VERGNIAUD, *se penchant vers Barbaroux.*

Barbaroux, si j'en crois mes sentiments secrets,
N'effeuillons pas la rose; effeuillons le cyprès.

Il reprend la coupe et l'élève.

N'importe! De mon sang la coupe serait pleine,

Que je boirais à toi, France républicaine;
Et ton avénement sonnerait notre mort,
Que ceux qui vont mourir te salueraient encor!

Il boit.

TOUS, *élevant leurs verres.*

Vive la République!

BARBAROUX.

Aux lois!

BUZOT.

A la clémence!

VERGNIAUD.

A la raison humaine!

LOUVET.

Au siècle qui commence!

MADAME ROLAND.

Vive la République! et mourons, s'il le faut!

VERGNIAUD.

Que je sois le premier qui monte à l'échafaud!

Les Girondins passent de la salle à manger dans le salon, précédés par madame Roland, à qui Sieyès donne le bras. — Les domestiques emportent la table par le fond, après avoir enlevé les candélabres, qu'ils posent sur la cheminée et sur une console, de chaque côté du salon. Un autre domestique entre à gauche avec un plateau sur lequel est servi le café. — La salle à manger devient obscure et le salon seul est éclairé.

BARBAROUX[1].

Oui, donnons notre sang; mais qu'il coule avec gloire
Pour notre indépendance et notre territoire.
Quant à tendre la gorge au fer d'un assassin,

[1] Barbaroux, Louvet, et quelques-uns des Girondins, à droite; Madame Roland, Roland, Sieyès, Vergniaud, à gauche; un peu plus haut à gauche, les autres Girondins.

Par mes bons Marseillais! ce n'est pas mon dessein.
— On menace vos jours; voulez-vous les défendre?
Attaquez les bourreaux, au lieu de les attendre.
Les meurtres de septembre appellent des vengeurs,
Et nul ne s'est levé contre les égorgeurs!
La Commune a trempé dans cette boucherie;
Elle l'a commandée; elle la salarie;
Et fière apparemment de ses hideux exploits,
Au corps législatif elle dicte des lois;
Périsse la Commune! — Il est à côté d'elle
Une caverne, où gronde une émeute éternelle.
Le club des Jacobins opprime nos débats,
Et ses pétitions, insolents attentats,
Aux applaudissements de la foule accourue,
Dans l'enceinte des lois font déborder la rue;
A bas les Jacobins! — Mais tous ces factieux
Ne sont que les agents de trois ambitieux;
A vous donc, Triumvirs, à vous mon cri de guerre,
Septembriseur Danton! — Dictateur Robespierre!
— Et toi, l'enfant perdu de ce triumvirat,
Toi qu'on ne peut nommer sans dégoût, toi, Marat!
— Quoi! ce prédicateur du meurtre et du pillage,
Il votera les lois que sa présence outrage!
C'est un représentant de ce noble pays!
Ce monstre s'asseoira dans nos rangs ébahis!
Non, s'il dépend de moi! — Contre l'ignominie
J'aurai de la colère à défaut de génie.
S'il faut protester seul, seul je protesterai,
Et si Vergniaud se tait, c'est moi qui parlerai.

LOUVET.

Je serai ton second. — Mais que Vergniaud s'explique!

MADAME ROLAND, *assise à gauche près de Sieyès et de Vergniaud.*

Vous l'entendez, Vergniaud? C'est la clameur publique.

VERGNIAUD.

J'ai pesé le mandat dont on veut me charger :
Je ne recule pas ; mais je vois le danger.

S'approchant de Barbaroux et de Louvet.

Tous les frémissements de votre conscience
Soulèvent dans mon sein la même impatience ;
J'ai septembre en horreur ; je m'indigne avec vous
Du contact des bourreaux qui siégent parmi nous ;
Il faut que nous brisions la Commune rebelle,
Si nous ne voulons pas être brisés par elle ;
Enfin je ne sais pas un seul gouvernement
Qui sous le feu des clubs puisse vivre un moment.
Oui, Barbaroux, c'est là que l'anarchie ameute
Une minorité qui règne par l'émeute ;
Nous sommes sous le joug d'un millier de tyrans
Qui prétendent traiter la France en conquérants ;
Ils ont, pour opprimer la vertu travestie,
Imaginé d'en faire une aristocratie,
Et le crime, impuni sous un nom courtisé,
Dans leur nouveau langage est démocratisé.
Oui, c'est vrai. — Je prévois que cet essai terrible
Rendra la liberté pour longtemps impossible,
Et que la France, après un si rude labeur,
Tombera de fatigue aux mains d'un dictateur.
— Hélas! la liberté, comme un trompeur mirage,
Fuira-t-elle toujours l'œil qui se décourage?
Sommes-nous condamnés, nous ses meilleurs amis,
A ne jamais entrer dans ce pays promis,
Et verrons-nous toujours au seuil démocratique
La révolution, — jamais la République!

BARBAROUX.

Eh bien ?

VERGNIAUD.

Gourmandez donc les flots tumultueux !
Enchaînez l'océan, Xercès présomptueux !
— Ah ! le doute est permis en face de la tâche ;
Parler est imprudent, et se taire est bien lâche.
Faut-il se retirer, sans avoir combattu,
Et, se réfugiant dans sa froide vertu,
Considérer d'en haut, philosophe égoïste,
La sombre tragédie à laquelle on assiste ?
Mais c'est autoriser d'autres assassinats.
Qu'est-ce qu'une vertu qui ne s'indigne pas !
Faut-il faire éclater une sainte colère ?
Mais c'est exaspérer la fureur populaire,
Attiser le foyer de nos dissensions,
Et hâter l'incendie et les destructions.
— Peut-être n'est-ce pas sans un travail énorme,
Sans d'immenses douleurs, qu'un État se transforme.
Ce long enfantement d'un monde jeune et fort
A des convulsions comme en aurait la mort.
Nous y périrons tous les uns après les autres ;
Toute idée est mortelle à ses premiers apôtres.
Mais l'âge balaîra cette vapeur de sang
Qui sur notre horizon couvre le jour naissant ;
Alors sans doute, après bien des vicissitudes,
Après d'autres excès et d'autres servitudes,
La raison, qui poursuit son céleste chemin,
Resplendira sans ombre aux yeux du genre humain.

LOUVET.

Fort bien ; mais laissons là l'éclat du beau langage.

Que ferez-vous, Vergniaud, si le combat s'engage?

VERGNIAUD.

Ce que j'ai fait répond de ce que je ferai.
Je ne provoque pas un choc prématuré;
Non. Je ne puis moi-même assumer sur ma tête
Les malheurs imprévus d'une telle tempête,
Et je vous prie, au nom du salut de l'État,
De réfléchir avant d'engager le combat.
Mais si, contre mon gré, l'un de vous le hasarde,
Vous me verrez alors combattre à l'avant-garde.
Comme du premier coup vous allez tout jouer,
Il ne s'agira plus que de me dévouer,
Et de prouver, à ceux que ma prudence étonne,
Que j'ai craint pour la France et non pour ma personne.

LOUVET.

Il nous suffit, Vergniaud.

VERGNIAUD, *revenant vers madame Roland et le groupe qui est à gauche.*

O vaisseau triste et cher!
Un nouveau coup de vent t'emporte en pleine mer.
Où vas-tu, démâté, sans aviron, sans voile,
Ne sachant à quel Dieu demander une étoile?
Garde plutôt le port!

SIEYÈS, *assis.*

Vergniaud a trop raison.
— Réfléchissez, messieurs.

LOUVET.

Ce n'est plus la saison.
Doit-on délibérer, lorsque le sang ruisselle?

Voulez-vous refroidir l'horreur universelle?
Quand le triumvirat sera bien affermi,
Sera-t-il temps alors d'attaquer l'ennemi?

SIEYÈS.

Et quand donc voulez-vous l'attaquer?

BARBAROUX.

Tout de suite:
Demain. — L'Europe entière attend cette poursuite.
Chaque jour de repos devant les assassins
Nous confond avec eux, aux yeux de nos voisins.

SIEYÈS.

Et quel est votre plan?

BARBAROUX.

Du haut de la tribune,
Provoquer un décret qui casse la Commune,
Chasse les assassins de la Convention,
Mette les triumvirs en accusation,
Et, si contre les clubs Paris ne nous protége,
Hors des murs de Paris transporte notre siége.

SIEYÈS.

Et sur quoi comptez-vous?

BARBAROUX.

Sur quoi! Sur l'équité,
Sur notre droit, Sieyès, sur l'honneur révolté,
Sur la haine du meurtre et de la dictature,
Sur tous les bons instincts de l'humaine nature,
Sur les départements qui vont, tous à la fois,

S'armer pour notre cause et la cause des lois.
— Déjà mes Marseillais s'excitent par avance;
Ils sont mille, tous fils du soleil de Provence;
Chacun d'eux a reçu de ses pauvres parents
Deux pistolets, un sabre, un fusil, six cents francs.
Ils ont fait un dix août contre les royalistes;
Ils sauront en faire un contre les anarchistes.

SIEYÈS, se levant et s'approchant de Barbaroux.

J'aime en des jeunes gens cette noble chaleur;
Mais chez l'homme d'État c'est un public malheur.
Raisonnez : — la Commune a des droits formidables
Qui gardent ses accès partout inabordables;
Contre l'attaque ouverte ou le complot secret
Elle a la force armée et les mandats d'arrêt.
Les clubs ont avec eux le peuple qu'ils caressent;
Vous avez aiguisé ces armes qui vous blessent;
On s'en sert contre vous, qui vous vous en serviez,
Lorsque vous combattez ce que vous approuviez.
— Et vous voulez, bravant à ce point la fortune,
Affronter dans Paris les clubs et la Commune!
Vous croyez terrasser, par d'éloquents discours,
Les triumvirs aidés d'un si puissant secours!
Des décrets! voilà donc ce qui fait votre audace?
Le décret, sans la force, impuissante menace!
Menacer sans frapper, ou frapper à demi,
C'est fournir un prétexte aux coups de l'ennemi.
— La France, dites-vous, saura bien vous défendre?
Mais les départements n'auront pas pu s'entendre,
Que tous vos ennemis, dans Paris rassemblés,
Sous leur effort commun vous auront accablés.
N'espérez plus alors que l'on vienne à votre aide;
Les amis des vaincus n'ont qu'un dévoûment tiède,

Et de quelque façon qu'on les ait obtenus,
Les succès ont partout des amis inconnus.
Vous verrez comme on fuit la requête importune
Et la contagion d'une grande infortune !
— Croyez-moi, modérez un imprudent courroux,
Qui ne peut que vous perdre et la France avec vous.

BARBAROUX.

Je reconnais, Sieyès, votre raison profonde;
Mais j'écoute plutôt l'instinct de tout le monde.
Le sentiment me dit qu'en ceci comme ailleurs
Les moyens les plus francs sont aussi les meilleurs;
Que l'honnêteté simple est l'art le plus habile:
Qu'un parti qui louvoie est un parti débile;
Et qu'il n'est point de cas où la raison d'État
Consiste à pactiser avec l'assassinat.

SIEYÈS.

Eh! ne pactisez pas; mais préparez la guerre.
— Essayez d'isoler Marat et Robespierre.
— Faites-vous des amis. — Pour vous citer deux noms,
L'appui de Dumouriez vous donne des canons,
Et de ces triumvirs, qu'avec vous je déteste,
J'en sais un qui peut être aussi bon que funeste.
Oui, l'un des triumvirs, le plus puissant de tous,
Peut sauver le pays, s'il s'entend avec vous.
Il le peut, s'il le veut; — il le voudra. J'en jure
Les grands égarements d'une noble nature.
Un homme comme lui ne fait rien à demi;
Par l'orgueil de son crime en son crime affermi,
S'il trouve une autre voie à conquérir l'estime,
Plus il fut criminel, plus il sera sublime.

BARBAROUX.

Qui donc, Sieyès?

SIEYÈS.

Danton.

BARBAROUX.

Danton!

Mouvement général.

SIEYÈS.

Danton. — Songez
Que par ce coup savant les clubs sont partagés,
Les triumvirs dissous, et l'émeute incertaine
Est un corps débandé, qui perd son capitaine.
— Danton et Dumouriez! Le peuple et les soldats!
Deux hommes résolus, qui seront vos deux bras!
Alors n'attendez plus qu'une chance opportune
Pour bâillonner les clubs et casser la Commune.
La France applaudira.

VERGNIAUD.

Mais cela supposé,
Qui vous dit que Danton y sera disposé?

SIEYÈS.

Lui-même s'est chargé de vous rendre réponse.

VERGNIAUD.

Quand?

SIEYÈS.

Tout à l'heure.

VERGNIAUD.

Où donc?

SIEYÈS.

Ici. Je vous l'annonce.

Mouvement.

VERGNIAUD.

Ici!

ROLAND.

Danton chez moi!

SIEYÈS, regardant sa montre.

C'est l'heure. Il va venir.

VERGNIAUD.

Mais pourquoi donc, Sieyès, ne pas nous prévenir?

SIEYÈS.

Je voulais l'entrevue, et je vous l'ai cachée
De peur d'objections qui l'eussent empêchée.

MADAME ROLAND.

Mais, si je le reçois, Sieyès! que dira-t-on!

SIEYÈS.

Il importe au pays.

UN DOMESTIQUE, annonçant du fond du théâtre.

Le citoyen Danton!

SCÈNE II

LES MÊMES, DANTON.

DANTON.

A madame Roland.

Bonjour, messieurs. — Bonjour, Roland. — Ou je m'abuse,
Madame, ou ma visite aurait besoin d'excuse;
Mais l'intérêt public fait ce rapprochement,
Et nous doit dispenser de tout vain compliment.

Madame Roland salue à peine, et se détourne.

SIEYES.

Soyez le bienvenu!

ROLAND, froidement.

Quiconque nous apporte
Un cœur droit et loyal peut franchir notre porte.

Moment de silence. — Sieyès fait signe aux Girondins d'accueillir Danton.

DANTON.

Eh bien! messieurs? — Je vois ici quelque embarras;
Je le comprends du reste, et ne m'en blesse pas.
Notre façon d'agir n'a pas été la même.
— Il faut de la vigueur dans le péril extrême.

BARBAROUX.

De la vigueur, Danton, et non pas des forfaits.

DANTON.

Je ne renie aucun des actes que j'ai faits;
Je les ferais encor, s'il était nécessaire,
Et vous ne trouveriez en moi qu'un adversaire.
Nous n'en sommes plus là. — Le canon de Valmy
A sauvé la patrie, et je viens en ami.

VERGNIAUD.

Valmy, Danton?

DANTON.

Valmy! ville à jamais fameuse!
Dumouriez est vainqueur sur les bords de la Meuse.

TOUS.

Bravo!

DANTON.

La République est un robuste enfant,
Messieurs; elle est venue au monde, en triomphant.
— Sous le feu des canons, nos jeunes volontaires
Ont montré le sang-froid des plus vieux militaires;
Puis à la baïonnette ils se sont élancés;
Les Prussiens ont fui. — Voilà ce que je sais.

TOUS.

Bravo!

DANTON.

Ce n'est pas tout, et Dumouriez me mande
Que le désordre est grand dans l'armée allemande.
La disette, la fièvre, un automne orageux,

Les chemins défoncés et le terrain fangeux,
L'approche de l'hiver après une défaite,
Tout enfin lui commande une prompte retraite.
— Ainsi puisse périr toute autre invasion!
Paris est délivré!

TOUS.

Vive la nation!

DANTON.

Jamais ces jeunes gens n'avaient vu la mitraille.
Le seul patriotisme a gagné la bataille.
Et nous, qui recevons un tel enseignement,
Ne rougirions-nous pas d'un moindre dévoûment?
Ils ont sur nos confins sauvé la République;
Mais elle est en danger sur la place publique.
Nous la sauverons, nous, si nous sommes vainqueurs,
Non plus des ennemis, mais de nos propres cœurs.
Dans l'oubli du passé noyons notre rancune;
Ne songeons désormais qu'à la cause commune.
Nous sommes tous ici de francs républicains;
Nul de nous ne prétend rétablir les Tarquins;
Nul ne veut ramasser le sceptre d'un roi Charle;
Cromwell, — s'il en est un, — n'est pas celui qui parle.
Quel démon nous excite à nous entr'égorger,
A donner cette fête à l'impie étranger?
Où donc s'arrêtera la discorde civile,
Si dans le sénat même elle trouve un asile?
— Prenons garde, Messieurs, à ces dissensions!
Je me connais, je crois, en agitations;
J'ai vu de près le peuple, et j'en ai l'habitude.
Eh bien! — ne jouons pas avec la multitude;
N'appelons pas le peuple au secours des partis,

Si nous ne voulons pas être tous engloutis.
— La lave s'amoncelle et cherche une ouverture ;
La révolution demande sa pâture ;
Tournons vers la conquête, et lançons sur le Rhin
Ce torrent, rejeté hors de notre terrain !
Que d'un sublime élan, la France tout entière,
Se lève à notre appel, et coure à la frontière !
Rendons aux ennemis, que nous avons chassés,
Les envahissements qui nous ont menacés !
Répondons à Verdun par un acte énergique ;
Que notre coup d'essai délivre la Belgique ;
Et vengeons-nous des rois, contre la France armés,
Par l'affranchissement des peuples opprimés !
—Quels beaux destins pour nous ! quelles superbes œuvres !
Quoi ! lorsque nous avons, ô débiles manœuvres !
La raison pour appui, la France pour levier,
Nous ne soulevons pas encor le monde entier !
 Messieurs, si ma parole a votre confiance,
Je promets, pour ma part, une franche alliance,
Et comme je n'y mets aucun orgueil humain,
Je fais les premiers pas, et vous offre ma main.

VERGNIAUD, *lui prenant la main.*

Je l'accepte, Danton.

PÉTION, *allant à Danton.*

Danton, voici la mienne.

DANTON, *à Barbaroux, Louvet, Buzot, qui restent immobiles*[1].

Et vous, messieurs ?

[1] Barbaroux, Louvet, Buzot, à droite ; madame Roland et les autres Girondins, à gauche ; Danton au milieu.

BARBAROUX.

Danton, souffre que je m'abstienne.

DANTON.

Pourquoi ?

BARBAROUX.

Dispense-moi d'un langage offensant.

DANTON.

Parle.

BARBAROUX.

Eh bien! donc, ta main a des taches de sang.

LOUVET.

Oui !

BUZOT.

Oui !

DANTON.

C'est bien, messieurs; c'est un complet divorce?

A Barbaroux.

Ah ! tu m'attaques, moi ! — Tu ne sais pas ma force.

Il s'éloigne avec un geste de menace ; Sieyès l'arrête ; il revient

Non; l'on ne dira pas que le ressentiment
L'emporte chez Danton sur un bon mouvement.
Barbaroux, nos débats tûront la République.
Ajournons tout au moins un duel impolitique :
Fondons la liberté; — puis soyons ennemis.

BARBAROUX.

On la fonderait mal sur les crimes commis;
Nous voulons lui donner pour base la justice.
— Qu'elle soit chaste et pure, ou bien qu'elle périsse!

DANTON.

Eh! morbleu! prenez-vous, avec vos airs décents,
Les révolutions pour des jeux innocents?
Vous ne pardonnez rien au peuple.

Se tournant vers madame Roland.

Je le blâme
De ne pas écouter les conseils d'une dame;
Mais quoi! les insurgés hantent peu les salons;
Nous ne les menons pas ainsi que nous voulons;
On ne fracasse pas les trônes légitimes,
Sans que quelques éclats blessent quelques victimes!
— Je n'ai pas commandé les massacres. Pourquoi
En jetez-vous toujours tout le crime sur moi?

LOUVET.

O premier magistrat, tu les laissas commettre.

BUZOT.

C'était les commander, Danton, que les permettre.

BARBAROUX.

Qu'as-tu fait, ô Danton, dans ces malheureux jours,
De tes éclats de voix si connus des faubourgs?

DANTON.

Est-ce donc que ma voix pouvait être entendue?
Pouvais-je arrêter, seul, une foule éperdue?
Septembre est le forfait de tous. Moi, je sauvais,
Courant de tout côté, tous ceux que je pouvais.

Septembre ! accusez-en Brunswick à notre porte !
Ah ! septembre maudit ! — Eh bien ! oui, que m'importe !
J'ai regardé mon crime en face, et l'ai commis ;
J'ai brûlé nos vaisseaux devant les ennemis ;
J'ai condamné la France à vaincre ou disparaître,
A rester république ou bien à cesser d'être.
— Bref, nous sommes vainqueurs, et libres désormais ;
Voulez-vous oublier septembre ?

LOUVET.

Non, jamais.

DANTON.

Vous repoussez la main que je venais vous tendre ?

BARBAROUX.

Le crime et la vertu ne peuvent pas s'entendre.

DANTON.

Soit !

(Il s'éloigne, puis arrivé vers la porte du fond :)

Vous avez voulu la guerre ; — vous l'aurez.

(Il sort.)

SIEYÈS, aux Girondins.

Jeunes gens ! jeunes gens ! vous vous repentirez.

FIN DU PREMIER ACTE.

ACTE DEUXIEME

ACTE II. — PERSONNAGES.

CHARLOTTE CORDAY. — BARBAROUX. — LOUVET. — PETION. — BUZOT. — MADAME DE BRETTEVILLE, TANTE DE CHARLOTTE. — UNE VIEILLE DAME — UN VIEUX GENTILHOMME. — VIEILLES AMIES ET VIEUX AMIS DE MADAME DE BRETTEVILLE. — MARTHE, SERVANTE DE MADAME DE BRETTEVILLE. — FAUCHEURS. — FANEUSES.

ACTE DEUXIÈME

Juin 1793. — Le coucher du soleil. — Les campagnes de Caen. — A gauche, dans le lointain, un rideau d'arbres qui cache la ville. — Sur le devant de la scène, la grande route bordée par des prairies qui s'étendent jusqu'à la rampe. — A droite, un tronc d'arbre renversé. — A gauche, un tertre de gazon au pied d'un pommier.

SCÈNE PREMIÈRE

CHARLOTTE CORDAY, tenant un volume de Rousseau sous le bras; — à droite, des FANEUSES, retournant les foins; — à gauche, DEUX FAUCHEURS coupant les herbes; un troisième FAUCHEUR, assis et aiguisant sa faux; un quatrième FAUCHEUR, debout et appuyé sur sa faux, à l'avant-scène.

CHARLOTTE CORDAY, au quatrième faucheur.

Oui, oui, Dieu soit loué! la saison sera bonne.
Les foins sont abondants, et quand viendra l'automne,
Si l'espoir des pommiers échappe aux vents du nord,
Le cidre remplira le pressoir jusqu'au bord.
— A demain.

Aux autres faucheurs.

C'est assez. L'heure est trop avancée,
Faucheurs; n'aiguisez plus votre faux émoussée.
— Emportez vos râteaux, faneuses, et demain
Aux premières chaleurs mettez-vous en chemin.

Ils sortent tous, après avoir salué Charlotte.

SCÈNE II

CHARLOTTE, seule.

Le soleil disparaît dans sa couche embrasée;
L'azur du ciel a pris une teinte rosée;
Après les feux du jour, qui brûlaient le faucheur,

Voici le crépuscule apportant la fraîcheur.
— Que la soirée est belle, et comme on se sent vivre!
L'herbe coupée exhale un parfum qui m'enivre;
Ces dernières lueurs, qui flottent au couchant,
Donnent à la campagne un aspect plus touchant,
Et mon esprit ému suit le jour qui s'achève,
Par delà l'horizon, dans les pays du rêve...
Oh! quand donc aurez-vous votre accomplissement,
Rêves qui m'agitez, rêves de dévoûment!
Dois-je perdre en soupirs cette force de vie
Qui par des actions voudrait être assouvie!
Ne puis-je concentrer dans un noble dessein
Ces stériles désirs qui me gonflent le sein!

Elle s'assied sur le tertre et regarde son livre.

Et toi, mon compagnon, toi, l'écrivain que j'aime,
Jean-Jacques! bien souvent tu l'as connu, toi-même,
Ce profond sentiment, triste et délicieux,
Qui devant l'infini met des pleurs dans nos yeux.
Toi seul, tu comprenais la nature, ô mon maître!
Seul, tu glorifiais dignement le grand Être.
C'est que tu regardais l'œuvre du Créateur,
De l'œil d'un homme libre, adorant son auteur.
Celui qui n'a pas su haïr la servitude,
Celui-là ne peut pas t'aimer, — ô solitude!

SCÈNE III

CHARLOTTE, BARBAROUX, LOUVET, PETION, BUZOT.

Les quatre Girondins entrent à droite par la [illegible] de route.

LOUVET.

Voilà déjà longtemps, amis, que nous marchons;
Nous nous sommes trompés, ou bien nous approchons.

BARBAROUX.

Nous pouvons le savoir de cette jeune femme.

A Charlotte.

Est-ce là le chemin qui mène à Caen, madame?

CHARLOTTE, se levant.

C'est le chemin public; mais vous arriverez
Plus vite, citoyens, en passant par les prés.
A quelques pas plus loin, — à l'endroit où l'on fauche, —
Vous prendrez le sentier qui tourne vers la gauche.

LOUVET, aux Girondins.

Notre guide est charmant! — Je gage, Pétion,
Que Barbaroux va faire une autre question.

BARBAROUX.

Madame, pardonnez de nouvelles demandes.
Nous sommes étrangers sur les terres normandes,
Nous avons cheminé longtemps; il se fait tard;
Pourtant on nous a dit au moment du départ,
(Mais on trompe toujours le voyageur crédule)
Que nous serions à Caen, avant le crépuscule.

CHARLOTTE.

Ne vous rebutez pas, citoyens. — Vous voyez

Montrant le rideau d'arbres.

Ce rideau d'arbres verts en ligne déployés?
Quand vous l'aurez franchi, vous verrez dans la plaine
Fumer déjà les toits de la ville prochaine.

BARBAROUX.

Merci, madame. — Amis, le sort moins rigoureux

Marque nos premiers pas par un présage heureux.
Cette rare faveur d'entendre une voix pure
Est douce à des proscrits poursuivis par l'injure.
— Rendons grâces aux Dieux, et marchons !

CHARLOTTE.

Étranger,
S'il m'est aussi permis de vous interroger,
Vous vous dites proscrit; vous émigrez sans doute?
— On voit tant d'émigrés le long de cette route! —
Mais nous ne savons pas dénoncer les proscrits;
Parlez donc franchement : — venez-vous de Paris?

BARBAROUX.

Nous en venons, madame.

CHARLOTTE.

Ah! dites-moi, de grâce!
A quel bruit faut-il croire, et qu'est-ce qui s'y passe?
— On parle d'une lutte?

BARBAROUX.

Elle est finie.

CHARLOTTE.

Eh bien? —
Quoi? — Qu'est-il arrivé? — Car nous ne savons rien.

BARBAROUX.

Marat triomphe.

CHARLOTTE.

O ciel!

BARBAROUX.

La Gironde est détruite.

CHARLOTTE.

Dieu puissant !

BARBAROUX.

Aujourd'hui ses débris sont en fuite.

CHARLOTTE.

Ah ! que me dites-vous ! — Ah ! malheur imprévu !
— En êtes-vous bien sûr ?

BARBAROUX.

Je dis ce que j'ai vu.
Demain vous apprendrez, ainsi que tout le monde,
Que trois jours de tempête ont brisé la Gironde.
— Mais l'heure ne sied pas à des récits plus longs ;
La nuit nous surprendrait errants dans ces vallons.

CHARLOTTE.

Ne craignez rien ; la ville est prochaine, vous dis-je ;
Puis, je vous donnerai quelqu'un qui vous dirige.
Non ; dussé-je vous suivre, et l'entendre en chemin,
Ce récit m'émeut trop pour remettre à demain.
— Parlez, je vous en prie.

BARBAROUX.

Il me suffit, madame.

Louvet va s'asseoir sur le tronc d'arbre renversé. — Pétion et Buzot se tiennent auprès de lui.

— Quant aux événements qui précèdent ce drame...

CHARLOTTE.

Je sais tout.

BARBAROUX.

Vous savez comment les Girondins
Ont soulevé contre eux tant d'ennemis soudains?

CHARLOTTE.

C'est qu'ils voulaient venger les meurtres de septembre,
Et purger le sénat dont Marat est un membre.

BARBAROUX.

Depuis lors la Commune, unie aux Montagnards,
Sur vingt-deux Girondins appelait les poignards.

CHARLOTTE.

Mais la Convention soutenait là Gironde?

BARBAROUX.

Bah! quel soutien, devant une émeute qui gronde,
Que les flottantes voix de ces hommes de bien
Qui votent librement, tant qu'ils ne craignent rien!
Vainement on a pris d'apparentes mesures;
Où le cœur fait défaut les armes sont peu sûres,
Et l'appareil guerrier, qui couvre les soldats,
Ne donne pas du cœur à ceux qui n'en ont pas.
— N'ayant que des amis dont l'air faisait connaître
Des gens vaincus déjà par la crainte de l'être,
Eux-mêmes, ayant fait tout ce qu'on peut tenter,
Quand ce n'est que sur soi qu'on a droit de compter,
Par le maire trahis, trahis par le ministre,
Les proscrits attendaient l'événement sinistre.

Que vous dirai-je ! — Enfin ce jour est arrivé.
A la voix de Marat, le peuple s'est levé ;
Paris, épouvanté par le canon d'alarmes,
Se remplit jour et nuit de citoyens en armes ;
On bat la générale ; on sonne le tocsin ;
Mort aux vingt-deux ! — tel est le mot d'ordre assassin.
Cependant les faubourgs, conduits par la Commune,
Vomissent leur cohue aux pieds de la tribune.
C'est alors qu'on a vu, dans le temple des lois,
Le peuple et l'orateur qui parlaient à la fois !
On a vu des canons braqués sur cette enceinte
Où le législateur doit ignorer la crainte,
Et, du sang de septembre encor tout dégouttants,
Des poignards menacer vingt-deux représentants !
— Voilà les arguments de ces bons patriotes !
Voilà comme on entend la liberté des votes !
C'est à ce résultat qu'on sera parvenu,
Que nous, vainqueurs des rois, après avoir connu
Des révolutions grandes, fières, sublimes,
Pour notre indépendance et nos droits légitimes,
Nous aurons désormais, de par l'assassinat,
Des révolutions en l'honneur de Marat !

CHARLOTTE.

Et le peuple, introduit au sein du sanctuaire,
Ne s'est pas effrayé de ce qu'il osait faire !

BARBAROUX.

Le peuple a sans relâche exigé qu'on livrât
Les vingt-deux Girondins, condamnés par Marat !

CHARLOTTE.

Et les a-t-on livrés ?

BARBAROUX.

On les a laissé prendre.

CHARLOTTE.

Quoi! la Convention n'a pas su les défendre!
— Mais nos représentants sont donc des lâches?

BARBAROUX.

Non.....

Ils auraient résisté, n'eût été le canon.
Et même, c'est justice à rendre à leur conduite,
Ils ont résolument essayé de la fuite.
Deux fois ils se frayaient un passage douteux;
Deux fois un mur de fer s'est dressé devant eux.
Cent soixante canons, pointés, mèche allumée,
Enfermaient le sénat dans leur ligne enflammée;
Cent mille hommes armés serraient leurs triples rangs,
Pour couper toute issue aux députés errants,
Et, repoussant partout leur prière importune,
Criaient: vive Marat! et, vive la Commune!
— De leur opprobre enfin par deux fois convaincus,
Ils sont rentrés muets, consternés et vaincus.

CHARLOTTE.

Si bien qu'ils ont livré les vingt-deux!

BARBAROUX.

Oui, madame.

CHARLOTTE.

Trahison! trahison! oh! complaisance infâme!
Révoltés criminels! faibles législateurs!

Sénat plus criminel que les conspirateurs !
— Lui qui représentait la volonté publique,
Notre unique pouvoir, notre barrière unique,
Lui, qui n'était gardé que par sa majesté,
Et qui perd tout prestige, une fois insulté,
C'est lui qui, proclamant sa propre déchéance,
Dans les mains de l'émeute abdique sa puissance,
Et trahit un dépôt qu'il devait, à tout prix,
Restituer intact ainsi qu'il l'avait pris !

Les Girondins se regardent avec étonnement. Louvet se lève, et s'approche de Charlotte, ainsi que Pétion et Buzot.

Charlotte, continuant, et faisant un pas vers Barbaroux [1].

Mais quand cette infamie allait être conclue,
Nul n'a donc fait entendre une voix résolue?
Nul ne s'est donc levé? nul n'a dit : « Citoyens,
« Pour qui veut être libre, en voici les moyens:
« — Rome fut envahie aussi par les barbares,
« Et le pied des Gaulois profana ses dieux Lares.
« Savez-vous ce qu'alors firent les sénateurs?
« Ils vouèrent leur sang aux Dieux Libérateurs;
« Et dans les murs sacrés quand les Gaulois entrèrent,
« Leurs regards, qui cherchaient le butin, rencontrèrent
« Ces augustes vieillards, semblables à des Dieux,
« Tous immobiles, tous, graves, silencieux,
« Assis dans le Forum, sur leurs chaises d'ivoire,
« En habits triomphaux, comme aux jours de victoire,
« Qui tous, ayant fait vœu de périr noblement,
« Attendirent la mort et tinrent leur serment.
« — Vous, dont d'autres Gaulois envahissent le temple,
« O sénateurs français, donnez le même exemple!
« Et, puisque vous avez, maîtres de votre sort,

[1] Louvet à gauche, Charlotte au milieu de la scène, Pétion derrière Charlotte, Barbaroux et Buzot à droite.

« Le choix de l'esclavage ou d'une noble mort,
« Impassibles devant les canons sacriléges,
« Attendez la mitraille et mourez sur vos siéges! »

LOUVET, à Charlotte.

Bien, madame! — Quelqu'un a parlé comme vous.

CHARLOTTE.

Qui donc?

LOUVET.

C'est Barbaroux.

CHARLOTTE.

Honneur à Barbaroux!

BARBAROUX.

Mais qui donc êtes-vous, jeune républicaine,
Dont la voix douce parle une langue romaine?
Vos paroles, votre air, cette scène en plein champ,
En pays inconnus, sous le soleil couchant,
Semblent nous transporter aux âges poétiques
Où les Dieux se montraient aux voyageurs antiques.
Je demande, comme eux, si vous ne seriez pas
Quelque divinité descendue ici-bas,
Et si la Liberté, la Déesse nouvelle,
N'aurait pas pris les traits d'une vierge mortelle,
Afin d'encourager ceux qui n'ont pas en vain
Brûlé le pur encens sur son autel divin?

CHARLOTTE.

Mon Dieu, non. Je ne suis qu'une humble villageoise;

L'habit des Dieux sied mal à ma taille bourgeoise.
Descendons, s'il vous plaît, de l'Olympe. — D'ailleurs,
J'avais bien mérité vos compliments railleurs.
Une fille des champs, en tribune rustique,
Dictant aux députés leur devoir politique,
C'est un jeu puéril, digne de vos dédains.
Mais je hais les tyrans; j'aime les Girondins;
J'avais compté sur eux pour sauver ma patrie
De ces excès sanglants dont sa gloire est flétrie.
Oui, dans nos jours mauvais, je n'espérais qu'en vous,
Grand Vergniaud! fier Louvet! généreux Barbaroux!
En vous tous, Girondins, jeune et brillante armée,
Où la vertu trouvait sa garde accoutumée!
— Désespère, ô vertu! Couvre-toi d'un long deuil,
Tribune aux orateurs, veuve de ton orgueil!
Longtemps, en appelant leur parole éloquente,
On tournera les yeux vers leur place vacante;
Mais qui donc oserait s'estimer assez haut
Pour s'asseoir sur le banc où s'asseyait Vergniaud!
— Ah! perte irréparable! — Ah! qui l'aurait pu croire,
Que la Convention eût dévasté sa gloire!
— Que sont-ils devenus, ces illustres proscrits?

BARBAROUX.

Les uns, comme Vergniaud, sont restés à Paris;
Ils ont voulu prouver que ceux de la Gironde
N'ont pas peur d'un procès à la face du monde,
Et sauront, ne fuyant ni juges, ni bourreaux,
Parler en accusés et mourir en héros.
D'autres sont allés voir si la France recèle
Quelque orgueil dont on puisse exciter l'étincelle,
Si les départements se croiront insultés
Par l'affront que Paris fait à leurs députés,

Et se révolteront contre une capitale
Qui confisque leurs droits, d'une main si brutale;
Ou s'il est entendu que Paris désormais
Représentera seul tout le peuple français,
Et si l'on souffrira que ces nouveaux despotes
Suppriment la province et déchirent ses votes.
Voilà ce qu'ils vont voir, madame. — En attendant,
Fugitifs à travers les pays d'occident,
Alarmés en plein jour des rencontres fortuites,
Comme des malfaiteurs qui craignent les poursuites,
Perdus, la nuit, parmi de nouveaux horizons,
Ils demandent leur route, ainsi que nous faisons;
Heureux, si quelquefois une voix généreuse
Vient enchanter aussi leur course aventureuse!

CHARLOTTE.

Heureux qui, rencontrant ces nobles pèlerins,
Pourrait de leur exil adoucir les chagrins!
— Dites la vérité : vos amis, et vous-même,
Vous êtes, citoyen, ces Girondins que j'aime?

BARBAROUX.

Vous avez devancé l'aveu qu'on vous devait.
— Voici Buzot, — voici Pétion et Louvet;
— Moi, je suis Barbaroux.

CHARLOTTE.

Noms fameux, tous les quatre!
Pétion, qui fut roi de Paris idolâtre!
Buzot, le digne ami de madame Roland!
Louvet, qui dénonça Robespierre tremblant!
Et vous, ô Barbaroux, le héros de Marseille!
— Ah! vos noms bien souvent ont frappé mon oreille,

Et mon plus ardent rêve au ciel n'eût demandé
Que le don de vous voir, comme il m'est accordé.

S'avançant vers les Girondins.

Salut, vaillants soldats d'une juste querelle!
Fils de la liberté, vous qui souffrez pour elle!
J'avais promis un guide; eh bien! ce sera moi;
Je n'entends pas céder ce glorieux emploi.
— Que n'ai-je une chaumière! elle serait la vôtre;
Mais le lieu que j'habite est la maison d'une autre;
Ma tante, solitaire et pauvre, m'y reçoit;
Et cependant je puis vous procurer un toit.

BARBAROUX.

Nous le demanderons au conseil de la ville,
Madame; nous voulons un peu plus qu'un asile.
Si la ville de Caen n'a pas dégénéré,
Nous asseoirons à Caen un nouveau Mont-Sacré,
D'où la France réponde à Paris, qui la brave,
Par un libre sénat contre un sénat esclave.

CHARLOTTE.

Venez donc, citoyens! Il me tarde de voir
Se lever ce beau jour dont vous m'offrez l'espoir;
Il me tarde aussi bien que l'honneur en revienne
A la ville de Caen dont je suis citoyenne.
— Quelle gloire pour Caen! Paris déshérité
Va de ses plus grands noms enrichir ma cité,
Au point qu'elle peut dire, avec raison pareille,
Ce que dit un Romain chez mon aïeul Corneille :
« Oui, puisqu'autour de moi j'ai tous ses vrais appuis,
« Rome n'est plus dans Rome; elle est toute où je suis. »
— Venez!

BARBAROUX.

Nous vous suivons. Nous comprenons, madame,
Que du sang de Corneille on tienne une grande âme.

Ils sortent à gauche.

SCÈNE IV

9 heures du soir. — Un salon dans la maison de madame de Bretteville, à Caen. — Salon vaste, sombre et délabré. Il est tapissé d'une vieille tenture représentant des personnages. Meubles du temps de Louis XIII. Fenêtres en croisillons, à vitraux octogones.

A gauche, madame de Bretteville, une vieille dame et un vieux gentilhomme assis autour d'une petite table. Madame de Bretteville et la vieille dame travaillent à l'aiguille. Marthe, suivante de madame de Bretteville assise derrière elles, et travaillant aussi. — A droite, à l'autre coin de la salle, trois vieilles amies et un vieil ami de madame de Bretteville, jouant au boston. — Une lampe à abat-jour vert sur la table de madame de Bretteville — Une seule bougie sur la table de jeu.

MADAME DE BRETTEVILLE, *à Marthe, qui se lève et s'approche*

Marthe, où donc est Charlotte?

MARTHE.

Elle est allée aux prés.

MADAME DE BRETTEVILLE.

Mais il est déjà nuit! Les faucheurs sont rentrés!

A la vieille dame qui est à côté d'elle.

Ah! les temps sont mauvais, et, pauvre vieille aïeule,
Je m'alarme aisément, quand je sais qu'elle est seule.

Marthe va se rasseoir.

LA VIEILLE DAME.

Oui, les choses qu'on dit, ma chère, font trembler.
On va venir chez nous pour piller et brûler;
On prendra tous nos biens; les gueux seront les maîtres;
On exterminera les nobles et les prêtres;

MADAME DE BRETTEVILLE, joignant les mains.

Sainte Vierge !

LA VIEILLE DAME.

Et Marat a juré qu'avant peu
Il guillotinerait tous ceux qui croient en Dieu.

TOUS.

Oh !

UNE DES DAMES QUI JOUENT.

On sent un frisson, au seul nom de cet homme.

MADAME DE BRETTEVILLE, au vieux gentilhomme assis près d'elle.

C'est donc lui qui fait tout, que toujours on le nomme?

LE VIEUX GENTILHOMME.

Étant le plus féroce, il est le plus puissant.

LA VIEILLE DAME.

Est-il vrai qu'il se baigne en des bains pleins de sang?
A-t-il, comme on prétend, des yeux d'un rouge sombre,
Qui, tels que ceux d'un loup, sont reluisants dans l'ombre?

LE VIEUX GENTILHOMME.

Je ne l'ai jamais vu; personne ne le voit;
Mais dans tous les forfaits on reconnaît son doigt.

MADAME DE BRETTEVILLE.

Quel homme! Quelle époque! — Ah! c'est là de l'histoire,
Et pourtant, quand j'y songe, à peine j'y peux croire.
Comme tout est changé! Comme tout a péri!

J'ai vu — c'était du temps de mon défunt mari —
J'ai vu la cour, j'ai vu la noblesse française,
Et la reine Antoinette, et le roi Louis seize;
Je me rappelle encor leur costume à tous deux,
Et comme ils saluaient les seigneurs autour d'eux.
O souvenir lugubre! ô pompes de Versailles,
Que vous deviez bientôt tourner en funérailles!

Moment de silence. — Au vieux gentilhomme.

— Vous étiez à Paris, en ces temps malheureux?
Ce doit être à présent un séjour bien affreux!

Les joueurs cessent un moment leur jeu pour écouter :

LE VIEUX GENTILHOMME.

Ah! ce n'est plus Paris, la belle capitale,
Eblouissant les yeux du luxe qu'elle étale,
Où les arts, apportant leurs chefs-d'œuvre divers,
Se donnaient rendez-vous des bouts de l'univers.
— Les magasins sont clos; plus d'art; plus de négoce;
C'est un événement que le bruit d'un carrosse;
Chacun craint son voisin et reste en sa maison;
On rêve en s'endormant qu'on s'éveille en prison;
Tout se tait; les passants glissent comme des ombres;
Quelquefois seulement on entend des bruits sombres;
On voit paraître alors des hommes inconnus,
Sortis on ne sait d'où, sauvages, demi-nus;
C'est l'émeute qui passe, — et ses noires cohortes
Défilent dans la rue où se ferment les portes.

MADAME DE BRETTEVILLE.

Hélas! quand verrons-nous la fin de ces terreurs!

LE VIEUX GENTILHOMME.

L'avenir ne promet que de pires fureurs.

D'un Septembre nouveau notre atmosphère est lourde;
Il s'annonce déjà par une rumeur sourde.
Tous les suspects, dit-on, vont être incarcérés;
Les riches sont suspects; suspects les modérés;
On a créé contre eux un tribunal barbare;
Est mort, tout accusé qui paraît à sa barre.
Enfin le sable ardent du désert africain
Est habitable auprès du sol républicain.
— Fuyez ces bords; fuyez cette cruelle terre;
Et faites comme moi; passez en Angleterre.

MADAME DE BRETTEVILLE.

On est lent à mon âge, et l'on reste où l'on est.
La vieillesse s'attache aux lieux qu'elle connaît.
Les nombreux souvenirs et la longue habitude,
Comme des compagnons, charment ma solitude,
Et je n'ai plus assez de sève et de vigueur
Pour en déraciner les fibres de mon cœur.
Non, mon ami; j'attends ici la nuit qui tombe.
On n'apprend plus l'exil, quand on touche à la tombe.
Je fuirais l'échafaud pour mourir en chemin;
Puis, qu'importent mes jours qui finiront demain?
Mais je crains pour Charlotte, et veux, quoi qu'il m'en coûte,
L'éloigner au plus tôt des périls qu'on redoute.

LE VIEUX GENTILHOMME.

Eh bien! dites un mot, et je l'emmènerai.

MADAME DE BRETTEVILLE.

Quand elle reviendra, je l'y préparerai.
— Ah! je vais m'imposer une perte cruelle!
Il me faut bien l'aimer pour me séparer d'elle.

LE VIEUX GENTILHOMME.

J'ai hâte de la voir. Quand elle était enfant,
Sa beauté promettait un éclat triomphant.

MADAME DE BRETTEVILLE.

Elle tient sa promesse, et l'enfance gentille,
A produit une belle et noble jeune fille.

LA VIEILLE DAME.

Si belle, que chacun, ou jeune homme ou vieillard,
S'arrête à son passage et la suit du regard.
Quand elle entre à l'église, en habit de dimanche,
Plus d'un cesse de lire et vers elle se penche.
Tout lui sied à ravir, et c'est encor charmant
De la voir tous les jours sous le bonnet normand.

Marthe s'approche pour écouter.

MADAME DE BRETTEVILLE.

Vous verrez. C'est vraiment une beauté suave :
Quelque chose de doux, de céleste et de grave.
Je l'ai prise orpheline, et dès lors, mon ami,
Tout prospère chez moi. — C'est Ruth chez Noémi. —
Elle seconde Marthe, et, malgré son jeune âge,
Elle a su mettre l'ordre en mon pauvre ménage.
Elle soigne mes prés; traite avec mes fermiers;
Cueille et met au pressoir les fruits de mes pommiers;
Et puis, quand vient la nuit, jeune parmi des vieilles,
Elle anime mon cercle et réjouit nos veilles.

LE VIEUX GENTILHOMME.

Heureuse enfant à qui nos maux sont étrangers!
Leur bruit n'arrive pas jusque dans ses vergers.

MADAME DE BRETTEVILLE.

Je ne sais trop; j'ai vu plus d'un indice étrange.
Je remarque chez elle un singulier mélange.
— La grâce de l'enfance est encor sur ses traits,
Et l'enjouement naïf anime son teint frais;
Mais la sérénité de son regard limpide
S'illumine parfois d'une flamme rapide;
Son air devient sévère, et, dans tout son aspect,
Quelque chose de digne inspire le respect.
Sous ces recueillements l'enthousiasme gronde;
J'ai peur d'y deviner une âme trop profonde.
Elle se plaît, après qu'elle a rangé les fruits,
A lire dans la cour, sur les marches du puits;
Ce sont livres savants que peu de gens comprennent;
Elle y trouve des mots qui souvent me surprennent,
Et qui semblent tenir aux principes nouveaux
Que la philosophie a mis dans les cerveaux.
— C'est elle.

SCÈNE V

LES MÊMES, CHARLOTTE, entrant à droite.

MADAME DE BRETTEVILLE.

Tu reviens plus tard qu'à l'ordinaire,
Charlotte; — il ne t'est rien arrivé?

CHARLOTTE.

Non, ma mère.

MADAME DE BRETTEVILLE.

Le soir nous paraît long, quand nous ne t'avons pas.

4

Elle lui montre la table de jeu.

— Tiens : voilà des joueurs qui t'attendent là-bas.

CHARLOTTE.

Oui, j'y vais; mais, avant de songer à vos hôtes.
Permettez qu'envers vous je répare mes fautes

Elle va chercher un mantelet dont elle couvre les épaules de sa tante. — Elle s'agenouil devant sa tante, et lui glisse un coussin sous les pieds.

Croisez ce mantelet. — Vos pieds sur ce coussin.
— Après un jour d'été l'air du soir est malsain.
— Comment vous trouvez-vous aujourd'hui?

MADAME DE BRETTEVILLE.

Bien, ma fille.
Mais regarde-moi donc! — Dieu! comme ton œil brille!

Elle lui prend les mains.

— Tes mains sont chaudes!

CHARLOTTE.

Non...

MADAME DE BRETTEVILLE.

Ton visage est vermeil!
— Qu'as-tu donc?

CHARLOTTE, *se relevant et s'éloignant un peu.*

Ce n'est rien. — La marche... le soleil...

MADAME DE BRETTEVILLE.

Tu te fatigues trop, mon enfant; tu t'exposes
Trop souvent au soleil qui brûlera tes roses;
Et ce serait dommage. — Eh bien! a-t-on fauché?

CHARLOTTE.

Oui, ma tante, et déjà nous sommes en marché;

J'ai presque tout vendu.

MADAME DE BRETTEVILLE.

Bon ! c'est une ressource.
Nous avons grand besoin de grossir notre bourse.
— Où vas-tu?

CHARLOTTE.

Préparer votre boisson du soir.

Elle sort à gauche.

MADAME DE BRETTEVILLE, *au vieux gentilhomme.*

Comment la trouvez-vous?

LE VIEUX GENTILHOMME.

C'est un ange!

MADAME DE BRETTEVILLE.

Il faut voir!
Elle est mon intendante et ma garde-malade;
Elle me sert d'appui pendant la promenade:
Sur la lenteur du mien elle règle son pas,
Et je n'aime à sortir qu'en lui donnant le bras.

Charlotte rentre, apportant une tasse qu'elle pose près de sa tante.

MADAME DE BRETTEVILLE, *à Charlotte, en lui montrant le vieux gentilhomme.*

Viens; que je te présente à mon compatriote:
— Un compagnon d'enfance, — un vieil ami, Charlotte.

Le vieux gentilhomme salue Charlotte, qui lui fait une gracieuse révérence.

CHARLOTTE.

Soyez le bienvenu, monsieur, et croyez bien
Qu'un ami de ma tante est d'avance le mien.

LE VIEUX GENTILHOMME, à madame de Bretteville.

Charmante !

CHARLOTTE, s'approchant de la vieille dame, et maniant son travail.

Pour qui donc ce travail à l'aiguille?

LA VIEILLE DAME.

Ceci? — C'est un tricot pour ma petite fille.

CHARLOTTE.

Et vos yeux?

LA VIEILLE DAME.

Oh! je peux travailler sans y voir;
Mais je ne peux plus lire, et c'est mon désespoir.

CHARLOTTE.

Demain je vous lirai Gonzalve de Cordoue.

Elle va vers la table de jeu.

LA VIEILLE DAME, à madame de Bretteville.

Adorable !

UNE DAME, qui jouait, cédant sa place à Charlotte.

Sieds-toi, chère petite, et joue.
On commence un boston.

Charlotte s'assied et prend les cartes en main.

MADAME DE BRETTEVILLE, au vieux gentilhomme, qui s'est levé et regarde des vases de fleurs artificielles, placés sur la cheminée.

Vous regardez ces fleurs?

LE VIEUX GENTILHOMME.

On les croirait des champs, à leurs vives couleurs !

MADAME DE BRETTEVILLE, *montrant Charlotte.*

C'est son ouvrage.

UNE DAME, *qui joue, à Charlotte.*

Mais, Charlotte, prends donc garde !
Tu n'es pas à ton jeu. — Qu'est-ce qu'elle regarde ?

UN JOUEUR, *jetant une carte.*

Sept à cœur !

On entend du bruit dans la rue.

CHARLOTTE, *tressaillant.*

Écoutez !

LA DAME.

Quel est ce bruit ?

LE JOUEUR.

Mon Dieu !
Quelques gens avinés.

LA DAME.

Poursuivons notre jeu.

CHARLOTTE, *se levant. — Avec éclat.*

Ah ! ce n'est pas l'instant de jouer, à cette heure
Où le crime triomphe et la liberté pleure !
C'est un bien autre jeu qui se joue aujourd'hui,
Quand nous voyons crouler notre dernier appui !

MADAME DE BRETTEVILLE.

Que dit-elle!

CHARLOTTE, *allant vers la fenêtre.*

Entendez ces clameurs dans la rue
— Ce sont les Girondins que la ville salue.

Tout le monde se lève.

UN DES PERSONNAGES.

Comment!

UN AUTRE.

Quoi!

MADAME DE BRETTEVILLE

Qu'est-ce donc?

CHARLOTTE.

C'est — que Catilina
Exile en ce moment Cicéron du sénat;
Que nous sommes trahis; que la Gironde est morte;
Que l'émeute est maîtresse, et que Marat l'emporte!
C'est — qu'il n'est plus d'abri, plus de loi, plus de frein!
C'est qu'on peut tout oser! — Marat est souverain.

MADAME DE BRETTEVILLE.

Ah! mon Dieu!

CHARLOTTE.

Nul de nous n'est sûr de vivre une heure.
Tant que Marat vivra, que chacun tremble et meure!

MADAME DE BRETTEVILLE.

O ma fille, il faut donc bien vite t'éloigner!
Voici mon vieil ami qui va t'accompagner;
J'ai des parents à Londre, où l'on t'offre un asile;
Va; — fais cela pour moi qui mourrai plus tranquille.

CHARLOTTE.

Mais vous-même, ma tante?

MADAME DE BRETTEVILLE.

Oh! moi, je resterai.

CHARLOTTE.

Je reste donc.

MADAME DE BRETTEVILLE.

J'entends, et je te sais bon gré;
Mais je n'accepte pas un dévoûment funeste.

CHARLOTTE.

Eh bien! c'est par plaisir, ma tante, que je reste.

MADAME DE BRETTEVILLE.

Par plaisir!

CHARLOTTE.

Le combat va s'engager; j'attends.
— Il me plaît d'assister au choc des combattants.

MADAME DE BRETTEVILLE.

Peux-tu bien, mon enfant, te plaire à ces alarmes!

LE VIEUX GENTILHOMME.

Pour des yeux féminins j'en comprends peu les charmes.
La guerre des partis n'est pas de ces tournois
Où les dames trouvaient un spectacle courtois.

CHARLOTTE.

Non! Il ne s'agit pas d'une joute frivole,
Pour la couleur d'un nœud ou d'une banderole.
Voici d'autres combats et d'autres passions!
Il s'agit aujourd'hui du sort des nations.
— En avant! — Mon cœur bat de crainte et d'espérance.
— Vive la liberté! — Dieu délivre la France!
Je vois fuir les tyrans; je vois, jour glorieux!
Le drapeau girondin flotter victorieux!

MADAME DE BRETTEVILLE, au vieux gentilhomme.

Que vous avais-je dit!

LE VIEUX GENTILHOMME.

Laissez, mademoiselle,
Laissez les Girondins, indignes de ce zèle.
Quel intérêt pour nous a leur triste débat?
Par l'émeute élevés, l'émeute les abat.
Profond enseignement aux modernes systèmes,
Que tous ces révoltés s'entr'égorgeant eux-mêmes!
— Mais puisque les combats vous semblent familiers,
Venez; vous trouverez de loyaux chevaliers,
Dont on a toujours vu flotter le blanc panache,
Au sentier de l'honneur, sous le drapeau sans tache.

CHARLOTTE.

De loyaux chevaliers, contre la France armés!

LE VIEUX GENTILHOMME.

Non; contre les tyrans des Français opprimés.

CHARLOTTE.

Qui vont livrer la France à ceux qui l'envahissent !

LE VIEUX GENTILHOMME.

Qui vont la délivrer de ceux qui la flétrissent.

CHARLOTTE.

Qu'ils soient punis ceux-là, mais par d'autres moyens!
Qu'ils soient punis, chez nous, par des concitoyens;
Et n'introduisez pas dans les guerres civiles
L'étranger qui n'y vient que pour prendre nos villes!

LE VIEUX GENTILHOMME.

Par un pire fléau nous sommes envahis.
La liberté, — voilà l'ennemi du pays.

CHARLOTTE.

La liberté !

LE VIEUX GENTILHOMME.

Voyez en quel état nous sommes!

CHARLOTTE.

Ah ! ne l'accusez pas de la fureur des hommes!

LE VIEUX GENTILHOMME.

Quels forfaits monstrueux n'a-t-elle pas commis!

CHARLOTTE.

Quel culte n'a pas eu ses Saint-Barthélemys !

LE VIEUX GENTILHOMME.

Quoi ! pour des assassins vous prenez la parole

CHARLOTTE.

Je les hais plus que vous de souiller mon idole.

MADAME DE BRETTEVILLE.

Tu n'as jamais été si vive en tes propos,
Charlotte ; ton esprit a besoin de repos.
— Aussi bien il est tard. Par delà sa durée
Nous avons aujourd'hui prolongé la soirée.

Elle se lève ; tous se lèvent comme elle et sortent à droite, après l'avoir saluée. — Madame de Bretteville embrassant Charlotte sur le front.

Bonne nuit, mon enfant. — La nuit porte conseil ;
Nous parlerons encor de Londre, à ton réveil.

Elle sort à gauche, appuyée sur Marthe et conduite par Charlotte.

SCÈNE VI

CHARLOTTE, seule, revenant sur l'avant-scène.

Enfin, me voilà seule ! — Il me tardait de l'être,
Pour descendre en moi-même et pour me reconnaître ;
Et je ne pouvais plus comprimer devant eux
De mes émotions le choc tumultueux.
— Éclatez maintenant, éclatez à votre aise,
Colères et douleurs dont le fardeau me pèse !
Tout est perdu ; l'honneur lui-même est compromis ;
Ce jour donne raison à tous nos ennemis.
O Dieu ! Marat vainqueur ! la Gironde brisée !
La république, objet d'horreur et de risée !
— Scélérat ! scélérat ! — Quel scélérat maudit !

Qui nous délivrera, mon Dieu, de ce bandit!
— Qui? — Toujours cette idée! encore cette idée!
Cette tentation dont je suis obsédée,
Depuis que, me venant du ciel ou de l'enfer,
Elle a jailli chez moi, ce soir, comme un éclair!
— Ah! ma tête est en feu. — Je vais, s'il est possible,
Recueillir mes esprits dans ma chambre paisible.
Après un jour troublé, souvent, quand vient la nuit,
Je retrouve le calme en ce petit réduit.

Elle sort et monte à sa chambre.

SCÈNE VII

La chambre à coucher de Charlotte. — Un lit, une petite bibliothèque, un portrait de P. Corneille. — Une table sur laquelle sont des livres et une lampe qui achève de brûler. — Il commence à faire jour.

CHARLOTTE, *accoudée sur la table.*

L'étoile du berger, qu'on aperçoit encore,
Pâlit à l'orient que le matin colore;
Aux heures de la nuit succède un jour nouveau,
Et toujours cette idée assiége mon cerveau.

Elle lit la Bible ouverte sur la table.

« Seigneur, ce sera un monument glorieux de votre « nom, qu'il périsse par la main d'une femme. »

— C'est écrit dans la Bible; oui, la Bible décide
Qu'il est, dans certains cas, permis d'être homicide.
Chez tout autre, forfait, chez Judith c'est vertu.
— Fantôme de Judith, que me demandes-tu?
Pourquoi me montres-tu, d'une main, ton épée?
Pourquoi tiens-tu, de l'autre, une tête coupée?
Si tu n'es qu'un vain rêve, un enfant de la nuit,

Rentre dans le néant avec l'ombre qui fuit;
Si c'est Dieu qui t'a dit de me montrer la route,
Prête-moi ton courage, et dissipe mon doute.

Elle regarde les livres épars sur sa table.

Et vous, en qui Dieu parle aussi, grands écrivains!
— Car le feu du génie a des foyers divins; —
Vous avec qui je veille en un chaste commerce!
Esprits vivants des morts, avec qui je converse!
Plutarque, Montesquieu, toi Jean-Jacques, vous tous,
Compagnons de mes nuits! — que me conseillez-vous?
Ne m'avez-vous tant fait haïr la tyrannie
Que pour me condamner à la voir impunie,
Et quand vous me vantez les deux derniers Romains,
Ne me mettez-vous pas leur poignard dans les mains?

Elle lit un passage de Montesquieu

« A Rome, surtout depuis l'expulsion des rois, la loi « était précise, les exemples reçus. La République armait « le bras de chaque citoyen, le faisait magistrat pour le « moment, et l'avouait pour sa défense... La vertu semblait « s'oublier, pour se surpasser elle-même, et l'action qu'on « ne pouvait d'abord approuver, parce qu'elle était atroce, « elle la faisait admirer comme divine. »

Ainsi de tout côté la réponse est la même;
Tel est l'arrêt rendu par cette cour suprême.
Profanes ou sacrés, les docteurs de la loi
Ont été convoqués et consultés par moi:
La Bible a répondu : — Judith de Béthulie;
Plutarque a dit : — Brutus; et Corneille : — Émilie.

Elle se tourne vers le portrait de Corneille.

Oh ! si tu revivais, toi de qui le pinceau
A du triumvirat fait un si noir tableau,
« Et qui ne trouvais point de couleurs assez noires

« Pour en représenter les tragiques histoires,
Que ne dirais-tu pas de ce triumvirat
Où tu verrais Danton, Robespierre et Marat!
Auprès de chacun d'eux Lépide paraît juste,
Antoine est un grand homme, et c'est un Dieu qu'Auguste.
— Mais c'est peu d'un vengeur. Je suis seule; ils sont trois.
Leurs crimes presque égaux embarrassent mon choix.
Duquel des trois faut-il d'abord purger la terre?
Lequel frapper, — Marat, Danton, ou Robespierre?
Marat, surtout, Marat, si j'en crois mes instincts!
Mais je veux m'entourer d'enseignements certains.
Point de hâte. L'honneur d'une telle pensée
Est d'être gravement pesée et balancée.
— Il fait jour; j'entends Marthe au bas de l'escalier;
Allons, occupons-nous du travail journalier.

Avant de sortir, elle regarde encore le portrait de Corneille.

Corneille, mon aïeul, tu seras content. — Place,
Émilie et Cinna! je suis de votre race.

Elle sort.

FIN DU DEUXIÈME ACTE.

ACTE TROISIÈME

ACTE III. — PERSONNAGES.

CHARLOTTE. — BARBAROUX. — LOUVET. — BUZOT. — PÉTION. — GIRONDINS. — LE GÉNÉRAL WIMPFEN. — AIDES DE CAMP DU GÉNÉRAL. — BOURGEOIS DE CAEN. — MARTHE, SERVANTE DE CHARLOTTE. — MADAME DE BRETTEVILLE

ACTE TROISIÈME

11 juillet 1793. — Une salle du palais de l'Intendance, à Caen. — Au fond, trois fenêtres s'ouvrant sur un balcon d'où l'on voit la place publique. — Au-dessus des fenêtres, des drapeaux tricolores encadrant la devise : LIBERTÉ, ÉGALITÉ, FRATERNITÉ. — A gauche, la tribune des Girondins. — A droite, des banquettes pour le public. — Sur l'avant-scène, des fauteuils.

SCÈNE PREMIÈRE

CHARLOTTE, BARBAROUX, MARTHE, assise vers la porte.

CHARLOTTE.

Puisque nous en causons, Barbaroux, à vos yeux
Lequel des triumvirs est le plus odieux ?

BARBAROUX.

Tous trois sont criminels ; mais s'il faut vous répondre,
Qui veut les bien juger ne doit pas les confondre.
— Certes, je hais Danton ; septembre est entre nous.
Tout lui semble innocent, par la victoire absous ;
L'audace et le succès, voilà sa loi suprême ;
De sa propre vigueur il s'enivre lui-même,
Et montant d'un excès à des excès plus grands,
Il sert la liberté comme on sert les tyrans.
Mais enfin ce n'est pas un homme qu'on méprise,
Madame. Il est puissant dans les moments de crise ;
Il trouve d'un coup d'œil le moyen opportun ;
C'est un homme d'État caché sous un tribun.

Ses mots sont décisifs; son éloquence inculte
Fait éclater sa foudre au milieu du tumulte;
Cruel et généreux, il connaît la pitié;
Il frappe sans remords, mais sans inimitié;
De crime et de grandeur formidable assemblage,
La révolution l'a fait à son image,
— Et pour vous dire tout, j'ai peut-être regret
De n'avoir pas reçu la main qu'il nous offrait.

CHARLOTTE.

Et Robespierre?

BARBAROUX.

Oh! lui, c'est chose différente.
— Ame sèche et haineuse, et vanité souffrante,
Dans tous ses ennemis il voit ceux de l'État,
Et dans sa propre injure un public attentat.
En ce point seulement à Danton il ressemble,
Qu'auprès du sang versé l'un ni l'autre ne tremble,
Ignorant tous les deux que le péril pressant
N'excusera jamais la mort d'un innocent.
Ils diffèrent d'ailleurs d'esprit et d'apparence,
Comme la passion de la persévérance.
L'un, fougueux, se repose après avoir vaincu;
L'autre avance toujours, tenace et convaincu,
Et, succédant aux chefs qui restent en arrière,
De la dernière place il passe à la première.
Laborieux rhéteur, son travail incessant,
D'un effort acharné, cherche un génie absent;
Et tandis que Danton, amoureux du caprice,
Abandonne sa verve à l'heure inspiratrice,
Lui fatigue sa plume à polir, jour et nuit,
De creux discours, enflés de mots qui font du bruit,

Où tout ce que j'ai pu comprendre, c'est qu'il rêve
L'idéal de Rousseau dont il se dit l'élève.
En théorie autant il paraît absolu,
Autant pour les moyens il est irrésolu;
Lorsque Danton agit, Robespierre déclame
Ses lieux communs sans ordre et ses phrases sans âme.
— Quel sera le plus fort, Robespierre ou Danton?
La médiocrité l'emportera, dit-on.
En somme, quoique l'un souille son énergie,
Quoique de plus de sang il ait la main rougie,
Que sa soif de plaisirs puise partout l'argent,
— Au lieu que l'autre est pur, au point d'être indigent. —
Quoiqu'il ne croie à rien, si ce n'est à lui-même,
— Au lieu que Robespierre a foi dans son système, —
On aura pour Danton une moindre rigueur;
La passion l'excuse; on sent en lui du cœur.
Mais Marat! ce bandit qui dans le sang se vautre,
Sans l'audace de l'un, et sans la foi de l'autre!
Qui tue avec bonheur, par instincts carnassiers!
Qui prêche le pillage aux appétits grossiers!
Quoi que d'autres aient fait, il fait bien pis encore :
— Eux déchirent la France, et lui la déshonore.

CHARLOTTE.

C'est bien. Mon sentiment est fixé désormais.
Vous avez confirmé ce que je présumais.
— Mais, vous qui l'avez vu, quand vous siégiez ensemble,
Dites-moi, je vous prie, à quoi Marat ressemble.

BARBAROUX.

Vous préserve le ciel de l'observer de près!
Mais vous devineriez son âme par ses traits.
— Un visage livide et crispé par la fièvre,

Le sarcasme fixé dans un coin de la lèvre,
Des yeux clairs et perçants, mais blessés par le jour,
Un cercle maladif qui creuse leur contour,
Un regard effronté qui provoque et défie
L'horreur des gens de bien, dont il se glorifie,
Le pas brusque et coupé du pâle scélérat,
Tel on se peint le meurtre, — et tel on voit Marat.

CHARLOTTE.

Que fait-il? où vit-il? et de quelle manière?

BARBAROUX.

Tantôt il cherche l'ombre, et tantôt la lumière,
Selon qu'il faut combattre, ou qu'il faut égorger,
Présent pour le massacre, absent pour le danger.
— Dans les jours hasardeux où paraissent les braves,
Lui, tremblant, effaré, se cache dans les caves.
Les caves d'un boucher et celles d'un couvent
Pendant des mois entiers l'ont enterré vivant.
Là, seul avec lui-même, aux lueurs d'une lampe,
Devant l'encre homicide où sa plume se trempe,
N'ayant d'air que celui qui vient d'un soupirail,
Dix-huit heures, penché sur son affreux travail,
Il entasse au hasard les visions qu'enfante
Dans son cerveau fiévreux cette veille échauffante,
— Puis, un journal paraît, qu'on lit en frémissant,
Qui sort de dessous terre, et demande du sang.

CHARLOTTE.

Poursuivez; je vous prête une oreille attentive.
Cet étrange récit m'effraye et me captive.
Il semble que j'entends ces contes d'autrefois
Qui, pendant les longs soirs, font peur aux villageois.

BARBAROUX.

Mais, le combat fini, c'est alors qu'il se montre ;
— C'est l'heure de la proie. — Alors, si l'on rencontre
Un homme, les bras nus, le bonnet rouge au front,
Sabres et pistolets pendus au ceinturon,
Si cet homme applaudit, pendant que l'on égorge
Les malheureux vaincus dont la prison regorge,
S'il excite au travail les assassins lassés,
Qui laissaient choir enfin leurs couteaux émoussés,
Si, tous les prisonniers hachés membre par membre,
Il serre dans ses bras les héros de septembre,
C'est Marat. — Quand le peuple, à qui manque le pain,
Écoute aveuglément les conseils de la faim,
Celui qui, dégradant les misères publiques,
Pousse la multitude à piller les boutiques,
Celui qui veut montrer, comme un épouvantail,
Quelques marchands de blé pendus à leur portail,
C'est Marat. — Quelquefois la tribune est souillée
Par un homme en casquette, en veste débraillée,
Qui se croise les bras, et, d'un air outrageux,
Semble étaler l'orgueil de ses haillons fangeux ;
Ecoutez-le parler : « Il faut qu'on institue
« Un magistrat du meurtre, un dictateur qui tue. »
C'est Marat, c'est Marat ! — Pour le peindre d'un trait,
Il m'a dit de sang-froid, tout comme il le ferait,
Que l'unique moyen de calmer nos tempêtes,
C'est d'abattre deux cent soixante mille têtes !
Voilà son taux. — Deux cent soixante seulement ;
Jusques à trois cent mille il monte rarement.

CHARLOTTE.

Dieu puissant ! c'est un fou !

BARBAROUX.

C'est un fou ; mais, madame,
C'est un fou qui s'adresse aux passions en flamme.
Songez qu'on est encore en face d'ennemis
Qu'on a pu foudroyer, mais qu'on n'a pas soumis ;
Songez que les vainqueurs, surpris de leur victoire,
Ont peur des trahisons et se hâtent d'y croire ;
Et quand un fou s'attaque aux noms les mieux famés,
Et les jette en pâture aux soupçons affamés,
Jugez si sa folie, autrefois pitoyable,
Par ces temps orageux n'est pas chose effroyable !
— On l'a hué, flétri, bafoué, confondu ;
A chaque flétrissure un crime a répondu.
Vainement les soufflets sont tombés sur sa joue ;
Le crime allait croissant ; le sang lavait la boue.
Ceux qui l'ont offensé sont tous morts ou proscrits,
Et l'épouvante enfin l'a sauvé du mépris.

CHARLOTTE.

O merveille incroyable, et deux fois inouïe,
Qu'un tel monstre ait pu vivre, et soit encore en vie !

BARBAROUX.

Que voulez-vous ! les lois se taisent devant lui.
Les forfaits et les lois sont en paix aujourd'hui.
— Un jour, nous avons cru tenir notre victoire ;
Le crime était constant ; lui-même en faisait gloire ;
Et quand nous l'accusons, d'un commun mouvement
Quand la Convention le met en jugement,
Voilà qu'il est absous, et qu'on nous rend cet homme
Couronné de lauriers, comme un consul de Rome !

CHARLOTTE.

Où siége-t-il?

BARBAROUX.

En haut de la Convention.

CHARLOTTE

Y va-t-il tous les jours?

BARBAROUX.

Il n'y va plus, dit-on.

CHARLOTTE.

Où va-t-il donc?

BARBAROUX.

Il reste enfermé dans son antre.

CHARLOTTE.

Et comment entre-t-on chez lui?

BARBAROUX.

Personne n'entre.
La peur des assassins le cache aux visiteurs.

CHARLOTTE.

Personne absolument?

BARBAROUX.

Hormis les délateurs.

CHARLOTTE.

Ah! ceux-là sont reçus?

BARBAROUX.

Mais quoi ! que vous importe ?
Vous proposez-vous donc de frapper à sa porte ?

CHARLOTTE.

Moi ! quelle étrange idée !

BARBAROUX.

Alors, laissons Marat.
Pourquoi toujours parler d'un pareil scélérat ?

CHARLOTTE.

Oui, vous avez raison ; détournons la pensée
De ce qui la dégrade et la tient abaissée.
Montrez-moi des héros que je puisse honorer !
Après avoir haï, j'ai besoin d'admirer.
Parlez-moi, Barbaroux, de cette lutte immense
D'un monde qui finit, d'un monde qui commence ;
De ces événements, en trois ans accomplis,
Dont seraient illustrés trois siècles bien remplis ;
Répétez-moi comment tout un pays s'enflamme ;
Comment un peuple entier semble n'avoir qu'une âme ;
Comment on s'affranchit ; dites par quels moyens
De manants méprisés on fait des citoyens,
Et de ces citoyens, troupe mal aguerrie,
D'intrépides soldats, sauveurs de la patrie ;
Dites, dites comment les droits humains perdus,
Après plus de mille ans, nous ont été rendus ;
Rappelez nos dangers, nos combats, nos victoires ;
Enorgueillissez-moi du récit de nos gloires !
— Non, tu n'es pas flétrie, ô sainte liberté,
Par les crimes commis sous ton nom emprunté !

S'il est une belle œuvre, elle est toute la tienne;
Mais les iniquités n'ont rien qui t'appartienne;
Elles sont à ceux-là dont les esprits pervers
A tes pures clartés ne se sont pas ouverts;
Eux punis, nous pourrons faire admirer au monde
La mère des vertus, la liberté féconde.

BARBAROUX.

O jeune enthousiaste!

CHARLOTTE.

Et qui donc pourrait voir
Ce spectacle émouvant et ne pas s'émouvoir!

BARBAROUX.

Moi, je n'ai que trop vu ces effroyables scènes;
J'ai vécu trop longtemps au milieu de ces haines.
Héritiers des progrès et non pas des douleurs,
Nos fils applaudiront au fruit de nos malheurs;
Mais nous avons besoin pour pardonner aux hommes,
Nous, témoins des forfaits, d'oublier où nous sommes.
Ah! le tranquille aspect d'un vallon où descend,
Après un jour d'été, l'ombre du soir croissant,
Et là, parmi les prés et les herbes fauchées
Qu'entasse le râteau des faneuses penchées,
Une jeune inconnue, un livre dans la main,
A qui des voyageurs demandent leur chemin,
O Charlotte, voilà le souvenir que j'aime,
Et j'en veux savourer la douceur en moi-même,
Inattentif au bruit d'une foule sans mœurs,
Folle dans ses amours, folle dans ses clameurs.

CHARLOTTE.

Eh quoi! c'est quand il faut redoubler d'énergie,
Que Barbaroux soupire une molle élégie!

BARBAROUX.

Mais votre cœur, tout plein de sa fière vertu,
D'un plus doux sentiment n'a-t-il jamais battu?
Ah! s'il en est ainsi, soyez deux fois infâmes,
Guerres, qui ravagez le cœur des jeunes femmes!
— Quoi! n'écoutez-vous donc que leur écho maudit?
Le silence des soirs ne vous a-t-il rien dit,
Et la sérénité des nuits mélancoliques
Vous fait-elle songer aux querelles publiques?
Dans l'infini des cieux ne poursuivez-vous pas
Quelque rêve étranger au destin des États,
Un rêve qui sied bien à toute jeune fille :
La joie intérieure au sein de la famille,
L'appui d'un protecteur qu'il est doux de nommer,
Et le bonheur enfin d'être aimée et d'aimer?

CHARLOTTE.

Oh! si; j'ai fait souvent les rêves que vous dites;
J'en ai souvent peuplé l'espace sans limites.
Je suis femme, et n'ai pas cet orgueil mensonger
Qu'aux penchants féminins mon cœur soit étranger.
Pour les affections le ciel nous a fait naître,
Moi, comme une autre femme, — et plus encor peut-être.
— Mais nous ne vivons pas dans un temps régulier
Qui permette à chacun son vœu particulier;
Le monde est en suspens, et la crise où nous sommes
Appelle le concours des femmes et des hommes;
C'est un crime pour eux de rester à l'écart;

C'est un crime pour nous d'arrêter leur regard,
Et d'amortir, au sein des langueurs amoureuses,
L'ardeur, due au pays, des âmes généreuses.
Pour moi, mon pays seul a droit de m'enflammer;
J'ai concentré sur lui ma puissance d'aimer,
Et, dévouée à tous, je donne à ma patrie
Le lieu qu'aurait un seul dans mon idolâtrie.
Enfin, je m'en suis fait une si forte loi,
Que si l'amour était plus qu'un rêve pour moi,
Que si j'aimais quelqu'un, Barbaroux, — ni lui-même,
Ni personne que moi ne saurait que je l'aime.
— J'ai parlé franchement, et vous connais assez
Pour croire que je parle ainsi que vous pensez.

BARBAROUX.

Non pas, certe! — Autrefois j'eus cette âme naïve.
Ma vie, et les frayeurs de ma mère craintive,
Mes biens, mon petit champ par mon père transmis,
Mes études, mes goûts, et mes livres amis,
J'ai tout sacrifié, sans bruit, sans plainte aucune,
Avec enthousiasme, à la cause commune.
Oh! j'aimais mon pays d'un amour inconnu.
De ce plein dévoûment quel fruit m'est revenu?
Comment m'a-t-on su gré d'un travail sans relâche,
De l'ardeur de bien faire, apportée à ma tâche?
Calomnié, proscrit, je suis un traître, moi,
Républicain si pur et de si bonne foi!
Les Pitt et les Cobourg m'ont inscrit sur leur liste!
Moi qui fis le dix août, je suis un royaliste!
— Qu'un autre désormais à ce peuple insensé
Prodigue un dévoûment ainsi récompensé!
Chercher des citoyens dans ces faux patriotes,
Plus tyrans mille fois que les pires despotes,

Dans ces républicains qui se croient tout permis,
Et ne permettent rien pourtant qu'à leurs amis,
Qui font peur pour convaincre, et, par un jeu farouche,
Parlent de liberté, la menace à la bouche;
Enseigner ses devoirs, en loyal précepteur,
A ce peuple, crédule au plus grossier flatteur,
Rebelle aux vérités, attentif aux oracles
Du premier charlatan qui promet des miracles,
Envers ses bienfaiteurs stupidement ingrat,
Et qui blasphème Dieu pour adorer Marat,
— C'est bien la plus absurde et plus folle pensée
Dont jamais tête humaine ait été traversée!
— Celui qui veut jouer un rôle dans l'État,
Que par tous les moyens il tende au résultat;
Que sachant à propos applaudir ou se taire,
Il soit souple d'esprit sous un visage austère;
Qu'il flatte tour à tour ou le peuple ou les rois;
L'homme né pour l'intrigue, est né pour les emplois.
Mais le sévère honneur, mais la franchise auguste,
La fidélité rare, et l'amitié robuste,
L'inflexible équité, la haine des méchants,
Ces antiques vertus n'habitent que les champs.
Pour moi, je ne veux plus qu'une affection douce,
Égide impénétrable où tout affront s'émousse,
Un petit coin de terre, arrangé par mes mains,
Mes travaux d'autrefois, et l'oubli des humains.

CHARLOTTE.

Eh bien! moi, Barbaroux, mes vœux seraient tout autres.
— Si je pouvais agir comme vous et les vôtres,
Dieu tout-puissant, dirais-je, accorde-moi l'honneur
D'offrir à mon pays ma vie et mon bonheur;
Plus orgueilleux encore est l'espoir qui me flatte;

Permets que je les offre à la patrie ingrate,
Pour que mon dévoûment, payé par des mépris,
Se suffise à lui-même, et trouve en soi son prix.
— Hélas! que deviendra la malheureuse France
Si les méchants, eux seuls, ont la persévérance!
Et contre leurs fureurs quel rempart aurons-nous,
Si tous les gens de bien raisonnent comme vous?

BARBAROUX.

Les gens de bien! — Tenez, n'en parlons pas, Charlotte.
Les lâches! — J'aime mieux encor les sans-culotte.
Ceux-ci font preuve au moins de féroce vigueur;
Les autres, qu'ont-ils fait qui montre un peu de cœur?
Ils n'ont pas seulement ce courage suprême
Qu'un poltron aux abois trouve dans sa peur même.
Les gens de bien! — Pas un, dans le commun danger,
Ne s'est levé pour nous qui les voulions venger!

CHARLOTTE.

Il en apparaîtra.

BARBAROUX.

Non; pas un seul.

CHARLOTTE.

Peut-être!
Je ne sais quoi me dit qu'un Brutus va paraître.

BARBAROUX.

Non, non; tout dégénère, et crimes et vertus.
Marat n'est pas César; personne n'est Brutus.

CHARLOTTE.

Qui sait!

On entend des roulements de tambour.

SCÈNE II

CHARLOTTE, BARBAROUX, PÉTION, BUZOT,
et autres GIRONDINS, entrant à gauche.

LOUVET, s'avançant vers Barbaroux.

Nous te cherchons pour passer la revue.
Il salue Charlotte.
— Mais nous troublons peut-être une douce entrevue?

CHARLOTTE.

Ah! citoyen Louvet!

BARBAROUX, à Louvet.

Fi! ce ton ne sied pas.
Charlotte n'a pas lu les amours de Faublas,
Et mieux que la servante assise à cette porte,
Sa pureté défend qu'on parle de la sorte.

CHARLOTTE.

Il suffit, Barbaroux. — Louvet, soyons amis.
Ce n'est qu'un badinage innocent et permis,
Je le crois; — s'il était ce qu'il ne doit pas être,
Vous me jugerez mieux, m'ayant pu mieux connaître.

LOUVET.

Ah! j'accueille à genoux ce langage indulgent.
Mais me garde le ciel d'un soupçon outrageant,
O sœur que nous aimons! vous si fière et si bonne!
— Ange des Girondins que l'enfer environne!

CHARLOTTE.

Eh bien! la paix est faite; oublions tout cela.

Roulements de tambour. — Le général Wimpfen, des aides de camp, des officiers et des Girondins entrent à gauche. — Des bourgeois entrent à droite, et vont vers les fenêtres du fond.

A Louvet.

— Vous passez la revue?

LOUVET.

Oui; nos troupes sont là.
Demain, sans plus tarder, nous partons à leur tête.

A Barbaroux, Pétion, Buzot et autres Girondins.

Venez voir, mes amis; c'est une belle fête!

Il va vers les fenêtres qu'il ouvre. — Tout le monde remonte vers le fond, excepté le général et ses aides de camp, qui restent sur l'avant-scène, à gauche. — Plusieurs Girondins s'avancent sur le balcon. — La place publique est occupée par les troupes des confédérés. — On entend ***la Marseillaise***; *la musique est d'abord faible et lointaine, puis le bruit se rapproche et grandit.*

PÉTION.

Comme ils ont l'air guerrier!

LOUVET.

Voyez-vous défiler
Les braves jeunes gens qui viennent s'enrôler!

VOIX DU DEHORS.

Vivent les Girondins!

Les Girondins agitent leurs chapeaux.

CHARLOTTE, *à l'écart des Girondins.*

Le drapeau se déploie.
— Oh! contiens-toi, mon cœur! n'éclate pas de joie!

VOIX DU DEHORS.

Vive la République!

*Tous ceux qui sont à l'intérieur agitent leurs chapeaux. — Le refrain de **la Marseillaise** éclate avec force.*

BARBAROUX[1], *un peu en arrière des autres Girondins.*

Heureux jeunes soldats!
Joyeux et confiants, ils marchent aux combats;
Ils croient à la justice, et s'étonnent des crimes.
— Nous aussi, nous avions de ces élans sublimes.

Charlotte l'observe et l'écoute attentivement.

BUZOT, *à Barbaroux.*

Pourquoi donc, Barbaroux, ces mots décourageants?
N'as-tu pas bon espoir, à voir ces jeunes gens?

*On n'entend plus **la Marseillaise** que dans le lointain.*

BARBAROUX.

Dieu veuille qu'en ceci je sois mauvais prophète,
Buzot; mais nous marchons, je crois, à la défaite.
Quelle armée avons-nous? un millier de Normands.
Où sont les bras promis par les départements?
Ils sont soixante et dix, qui font pour notre cause
En paroles beaucoup, en œuvres peu de chose.
— Sieyès! prudent Sieyès! vous aviez bien raison.
Ailleurs l'indifférence! ici la trahison!

Il montre Wimpfen.

Tu vois ce général; crois-tu qu'il nous seconde?
Il défend les Bourbons et non pas la Gironde.
Ainsi notre drapeau devient le rendez-vous

[1] Le général Wimpfen et les officiers, à gauche. — Les Girondins au fond vers la gauche. — Les bourgeois au fond, vers la droite. — Barbaroux, Buzot et Charlotte, plus près de l'avant-scène.

Des vieux partis vaincus qui se servent de nous,
Si bien qu'environné de périls, je redoute
Pour nous une victoire autant qu'une déroute.
— Et voilà mon chagrin ! Je vois, et j'en gémis,
Combien la République a peu de vrais amis,
Et que des deux côtés on prétend la défendre,
Les uns pour l'opprimer, les autres pour la vendre.
République, ton sort me déchire le cœur !
Car je t'aime toujours, même dans ta rigueur,
Et je ne puis songer, sans une peine amère,
Que tu meurs avec nous, République, ma mère !

LOUVET, qui est revenu vers Barbaroux pendant les derniers mots.

Ah bah ! avant la mort ne prenons pas le deuil.
Se tournant vers Charlotte, et lui montrant la place publique.
Voyez donc ! — N'est-ce pas que c'est un beau coup d'œil ?

CHARLOTTE.

Oh ! oui. C'est beau !
A part, après avoir fait quelques pas en avant.
Pourtant n'est-il pas déplorable
Qu'il faille tant de gens contre un seul misérable,
Qu'on manquera peut-être, ou de qui le trépas
Sera payé trop cher du sang de nos soldats !

LOUVET, aux Girondins.

Nous sommes attendus, messieurs ; il faut descendre.
Allons ! — Viens, Barbaroux !

CHARLOTTE, bas à Barbaroux.

Un mot ! veuillez attendre.

Les Girondins, le général Wimpfen et les bourgeois sortent à droite et à gauche.

SCÈNE III

CHARLOTTE, BARBAROUX, MARTHE au fond.

CHARLOTTE.

Mon ami, disons-nous un éternel adieu.

BARBAROUX.

Non pas ; je reviendrai.

CHARLOTTE.

C'est moi qui pars.

BARBAROUX.

Grand Dieu!
Vous partez !

CHARLOTTE.

Pour toujours. Ma tante me conjure
De chercher dans l'exil une retraite sûre ,
Et je vais me fixer à Londre , où l'on m'attend.

BARBAROUX.

Et moi que deviendrai-je ! — Ah ! qu'est-ce que j'entend !
Vous partez !

CHARLOTTE.

Il le faut.

BARBAROUX.

Pourquoi partir si vite ?
Il sera temps plus tard de songer à la fuite.

CHARLOTTE.

Ne me combattez pas; c'est un point résolu,
Et tout raisonnement y serait superflu.
— Barbaroux ! votre cœur est rempli d'amertume ;
Je vous trouve plus triste encor que de coutume;
Ce m'est un vrai chagrin de vous laisser ainsi.
Pourtant par l'amitié tout peut être adouci,
Et je n'ai pas voulu vous quitter sans vous dire
Une bonne parole où l'amitié respire.
Sans doute votre esprit, un moment abattu,
Dans l'amour du pays reprendra sa vertu;
Mais si ce n'est assez, et s'il faut vous apprendre
Que quelqu'un prend à vous l'intérêt le plus tendre,
Si mon estime, ayant à vos yeux quelque prix,
Peut vous encourager à braver les mépris,
Sachez que vous avez une sœur qui vous aime,
Et soyez toujours ferme et digne de vous-même.
— Adieu donc !

Elle lui tend la main.

BARBAROUX, *tenant la main de Charlotte.*

Adieu donc, roman évanoui !
Dans un rayon du soir beau rêve épanoui !
Adieu bonheur ! — Saurai-je au moins ce que vous faites,
Et comment vous vivez, et dans quel lieu vous êtes?

CHARLOTTE.

Vous saurez, Barbaroux, tout ce que je ferai.

BARBAROUX.

Et qui m'en instruira?

CHARLOTTE.

Moi. Je vous écrirai.

Charlotte sort à droite avec la servante. — Barbaroux, après l'avoir suivie des yeux, va rejoindre les Girondins. — *La Marseillaise* éclate de nouveau.

SCÈNE IV

Le salon de madame de Bretteville.

MADAME DE BRETTEVILLE, puis CHARLOTTE.

Charlotte descend de sa chambre, et entre dans le salon ; elle va vers madame de Bretteville, qui pleure accoudée sur une table ; elle s'agenouille devant sa tante.

CHARLOTTE, agenouillée

Je suis prête à partir. — Bénissez-moi, ma mère !

MADAME DE BRETTEVILLE.

Je te bénis, enfant que me laissa mon frère.
Je te bénis, ma fille adoptive. Que Dieu
T'assiste, mon enfant, et te suive en tout lieu !
Tu fus bonne et soigneuse envers ta vieille aïeule ;
Sans toi j'aurais langui, triste, malade et seule.
Comme ceux qui sont vieux, je murmurais souvent ;
Tu vivais sous mon toit comme dans un couvent,
Et mes goûts réguliers, qu'un bruit joyeux alarme,
Pour ta vive jeunesse avaient bien peu de charme ;
Mais un signe jamais n'a trahi ton ennui ;
Tu m'offrais doucement ton patient appui,
Et, comme dans l'hiver un rayon de lumière,
Ta gaîté rayonnait dans ma froide chaumière.
— Que Dieu te récompense !

CHARLOTTE, *à part.*

Ah ! je n'y puis tenir.

Elle se relève.

— Pardonnez-moi !

MADAME DE BRETTEVILLE.

Pourquoi ? Je ne dois que bénir.

CHARLOTTE.

Vos bontés me font mal. Je n'ai pas su paraître
Affectueuse et tendre autant qu'il fallait l'être.
Ah ! l'on comprend trop tard qu'on n'aimait pas assez.
Si nous étions encore aux jours qui sont passés,
De combien de respect, de soins et de tendresse
Je voudrais entourer votre sainte vieillesse !
Pardonnez-moi !

MADAME DE BRETTEVILLE.

Bon ange, et quoi te pardonner ?

CHARLOTTE.

Hélas ! pardonnez-moi de vous abandonner !

MADAME DE BRETTEVILLE.

Vas en paix, chère enfant, de tous mes vœux suivie !
Cherche à Londre un repos que le ciel nous envie.
Va ; — c'est moi qui l'exige, et Dieu, j'en ai la foi,
T'y rendra le bonheur que j'ai reçu de toi.

CHARLOTTE, *à part.*

Si quelqu'un lui disait, ô pauvre cœur de mère,
Que je vais à Paris et ce que j'y vais faire !

Elle prend les mains de sa tante et les porte à ses lèvres.

Haut.

En vérité, je pars avec tant de regrets
Que si vous consentiez, eh bien ! — je resterais.

MADAME DE BRETTEVILLE.

Oh ! non. C'est là, ma fille, une mauvaise idée !
Tu sais bien que tantôt je t'ai persuadée.
Non, non, pars tout de suite !

Elle l'embrasse.

Adieu, mon cher trésor !

Elle la rappelle et l'embrasse de nouveau.

Pour la dernière fois, viens m'embrasser encor !

Elle la rappelle encore.

Ah !...Tiens, prends cette bourse où j'ai mis ma réserve.

Elle lui donne un reliquaire.

Garde cette relique ; — il se peut qu'elle serve.

Charlotte fait quelques pas pour sortir.

Ah !.. Sois prudente au moins ! — Ne marche pas de nuit.
— Regarde autour de toi pour voir si l'on te suit.
— Veille à ton passe-port. — En montant en voiture,
Informe-toi d'abord si la route est bien sûre.
— Ne réponds à personne. — Évite les passants.
— Ne te mets pas en mer par des temps menaçants.
— Écris-moi ; dis-moi vite, aussitôt débarquée,
Si tu trouves quelqu'un à la place indiquée.
— Adieu, Charlotte !

CHARLOTTE s'éloigne, puis regardant douloureusement sa tante, avant de sortir.

Hélas ! j'emporte ce remord !
Elle mourra, c'est sûr, en apprenant ma mort.

FIN DU TROISIÈME ACTE.

ACTE QUATRIÈME

ACTE IV. — PERSONNAGES.

L'ORATEUR. — CITOYENS. — FEMMES. — BONNES D'ENFANTS. — ENFANTS. — CAMILLE DESMOULINS. — PHILIPPEAUX. — UNE JEUNE FEMME. — UNE PETITE FILLE. — UN COUTELIER. — CHARLOTTE. — MARAT. — DANTON. — ROBESPIERRE. — ALBERTINE, FEMME DE MARAT. — LAURENT BASSE, COMMISSIONNAIRE DE MARAT. — UN PROTE. — IMPRIMEURS. — AFFICHEURS. — BROCHEUSES. — PEUPLE.

ACTE QUATRIÈME

13 juillet 1793. — Le jardin du palais Égalité. — A gauche, les arcades et la ligne des tilleuls. Au fond, la rotonde. — A gauche, la boutique d'un coutelier, sous les arcades. — A droite, sur l'avant-scène, un groupe de citoyens et de femmes du peuple. Plus haut, deux autres groupes. Les groupes sont agités; on entend le murmure des conversations. — Au fond du théâtre, des bourgeoises sont assises sur des chaises et travaillent : une petite fille joue aux pieds d'une jeune femme assise et brodant; des vieillards lisent les journaux. — Au lever du rideau, deux bonnes d'enfants et des petites filles dansent une ronde, vers le fond du théâtre à gauche.

SCÈNE PREMIÈRE

CITOYENS, FEMMES DU PEUPLE, BOURGEOISES, BONNES D'ENFANTS, PETITES FILLES.

LES BONNES ET LES PETITES FILLES,
chantant et dansant une ronde.

AIR de la ronde : *Nous n'irons plus au bois.*

C'est aujourd'hui dimanche ;
Allons cueillir au pré
La marguerite blanche
Et le bouton doré.

Le rossignol chante,
Sous la feuille il chante,
Pendant l' mois d' mai,
Pendant le joli mois de mai.

La ronde s'éloigne.

La rose était fleurie,
La rose et le muguet ;
J'en ai fait pour ma mie,

J'en ai fait un bouquet.

Le rossignol chante,
Sous la feuille il chante,
Pendant l' mois d' mai,
Pendant le joli mois de mai.

Les enfants disparaissent par le fond, en dansant.

PREMIER CITOYEN, s'approchant du groupe principal.

Savez-vous, citoyens, si la nouvelle est vraie?

DEUXIÈME CITOYEN, faisant partie du groupe.

Quoi donc?

PREMIER CITOYEN.

Les Girondins, commandés par Puisaye,
Sont en marche, dit-on; Évreux est déjà pris;
Et peut-être demain ils seront à Paris.

DEUXIÈME CITOYEN.

Les scélérats! Ils sont d'accord avec l'Autriche.

TROISIÈME CITOYEN.

On va mettre le pauvre à la merci du riche.

QUATRIÈME CITOYEN.

Déjà les modérés lèvent leurs fronts hideux.

PREMIER CITOYEN.

Qu'allons-nous devenir!

DEUXIÈME CITOYEN.

Ah! brigands de vingt-deux!

TROISIÈME CITOYEN.

Nous n'en serions pas là, si, quand nous étions maîtres,
On eût, le trente-un mai, massacré tous les traîtres.

QUATRIÈME CITOYEN.

Danton les a sauvés.

DEUXIÈME CITOYEN.

C'est la faute à Danton.

TROISIÈME CITOYEN.

C'est notre faute à nous; pourquoi l'écoute-t-on?
— Ne saurons-nous jamais agir à notre guise?
Sommes-nous des moutons, pour que l'on nous conduise?
Pourquoi nous nommons-nous le peuple souverain,
Si nous avons des chefs qui nous mettent un frein?
— Tenez : on nous endort par de belles paroles,
Et le peuple est toujours dupe de ses idoles.
Vous croyez bonnement qu'on songe à vos besoins;
Allons donc! c'est de quoi l'on s'occupe le moins :
C'est un texte, où l'on cherche un succès de tribune,
Et qu'on met de côté, dès qu'on a fait fortune.
— Ah! si vous étiez tous résolus comme moi,
Je sais bien, pour ma part, ce que nous ferions.

DEUXIÈME CITOYEN.

Quoi?

QUATRIÈME CITOYEN.

Qu'est-ce que nous ferions?

TROISIÈME CITOYEN.

A quoi bon vous l'apprendre!
Vous n'avez pas assez de cœur pour l'entreprendre.

PLUSIEURS CITOYENS.

Si!

DEUXIÈME CITOYEN.

Monte sur la chaise et fais ta motion.

Le troisième citoyen monte sur une chaise. — Tous les groupes se rapprochent de l'orateur.

L'ORATEUR.

Répondez donc d'abord à cette question :
— Qui descend dans la rue, alors qu'on se fusille?

LES CITOYENS.

Nous.

L'ORATEUR.

Qui se fait tuer?

LES CITOYENS.

Nous.

L'ORATEUR.

Qui prit la Bastille?

LES CITOYENS.

Nous.

L'ORATEUR.

Qui fit le dix août?

QUATRIÈME CITOYEN.

C'est nous qui l'avons fait.

L'ORATEUR.

Et le trente-un mai?

LES CITOYENS.

Nous.

L'ORATEUR.

Oui; c'est nous en effet.
La révolution est donc notre conquête;
— Qui doit en profiter, alors?

QUATRIÈME CITOYEN.

Ceux qui l'ont faite.

L'ORATEUR.

Eh bien! à quoi nous sert de nous être battus?
— Sommes-nous mieux logés?

PREMIER CITOYEN.

Non, vraiment.

L'ORATEUR.

Mieux vêtus?

LES CITOYENS.

Non.

L'ORATEUR.

Mieux nourris?

LES CITOYENS.

Non. Non.

L'ORATEUR.

C'est la même misère;
Pire encor. — Nous manquons même du nécessaire.

LES CITOYENS.

C'est vrai. C'est vrai.

L'ORATEUR.

Pendant que nous mourons de faim,
Les ennemis du peuple, eux, ont toujours du pain.

LES CITOYENS.

C'est vrai.

L'ORATEUR.

Les beaux hôtels, les tables délicates
Sont, comme auparavant, pour les aristocrates.

LES CITOYENS.

Oui.

QUATRIÈME CITOYEN.

C'est la vérité.

L'ORATEUR.

Si bien que ces fripons
Sont plus heureux, vaincus, que nous qui triomphons.
— Est-ce juste?

LES CITOYENS.

Non. Non.

L'ORATEUR.

Savez-vous à quoi servent
Tous ces gros revenus que les riches conservent?
A tramer des complots, à chercher les moyens
D'ôter la subsistance aux pauvres citoyens!

QUATRIÈME CITOYEN.

Canaille!

L'ORATEUR.

Vous voyez comme le pain est rare!

DEUXIÈME CITOYEN.

On n'en a plus.

L'ORATEUR.

Pourquoi? parce qu'on l'accapare.

PLUSIEURS CITOYENS.

Mort aux accapareurs!

DEUXIÈME CITOYEN.

Tuons-les! nous aurons
La farine et le reste au prix que nous voudrons.

Pendant que l'orateur parle, des passants s'approchent et grossissent le groupe. La petite fille, qui jouait aux pieds de sa mère, vient vers le groupe et l'examine curieusement; sa mère, entendant les cris des citoyens, accourt vers elle et la ramène au fond du théâtre.

L'ORATEUR.

On fait jeter le blé dans l'eau! Cette semaine,

On en a retrouvé cent setiers dans la Seine.

PREMIER CITOYEN.

Abomination !

QUATRIÈME CITOYEN.

Le pain des pauvres gens !

DEUXIÈME CITOYEN.

Dont on eût pu nourrir un millier d'indigents !

L'ORATEUR.

Dehors on nous assiége ; ici l'on nous affame.
N'est-il pas évident que c'est la même trame,
Et que les Girondins ne marchent en avant
Qu'après s'être entendus avec nos ci-devant ?

QUATRIÈME CITOYEN.

C'est évident.

PREMIER CITOYEN.

C'est clair.

L'ORATEUR.

S'il vous restait un doute,
Écoutez ce que dit Marat.

Il déploie le journal de Marat. — A ce moment, Charlotte traverse le théâtre, et s'arrête quelques instants pour écouter.

PLUSIEURS CITOYENS.

Silence !

PREMIER CITOYEN, *à son voisin.*

Écoute !

L'ORATEUR, lisant le journal de Marat.

« Il n'est point de malfaiteurs aussi vils, aussi lâches, « aussi atroces que les scélérats de la Gironde. Cette faction « infernale est conjurée avec les ennemis de la liberté « du dedans et du dehors, pour remettre la patrie aux « fers et rétablir le despotisme. »

Aux citoyens :

— Vous l'entendez !

Il lit.

« Pauvre peuple ! à quelle horde de scélérats as-tu af- « faire ! comment les as-tu supportés jusqu'à ce jour ! »

QUATRIÈME CITOYEN.

C'est vrai ; nous sommes trop cléments.

L'ORATEUR.

Écoutez ce qu'il dit des accaparements.

Il lit.

« La patrie est en proie à la fois aux horreurs de la « guerre civile et à la crainte de la famine. Les capita- « listes, les agioteurs, les monopoleurs, les marchands « de luxe, les robins, les ex-nobles redoublent de zèle « pour désoler le peuple par la hausse exorbitante du « prix des denrées de première nécessité. »

DEUXIÈME CITOYEN.

Oh ! les gueux !

L'ORATEUR, lisant.

« Dans l'impossibilité de changer leurs cœurs, je ne

« vois que la destruction totale de cette engeance mau-
« dite, qui puisse rendre la tranquillité à l'État. »

PREMIER CITOYEN.

C'est bien sûr.

DEUXIÈME CITOYEN.

C'est la bonne manière.

QUATRIÈME CITOYEN.

C'est cela. Détruisons la race tout entière !

Charlotte fait un geste d'indignation et se dirige vivement vers la boutique du coutelier. — Arrivée à la porte, elle hésite quelque temps avant d'entrer.

L'ORATEUR, *montrant le journal.*

Écoutez !

PLUSIEURS CITOYENS.

Écoutons !

DEUXIÈME CITOYEN.

Marat est notre ami.

QUATRIÈME CITOYEN.

Un gaillard, celui-là, qui n'est pas endormi !

L'ORATEUR.

Un vrai républicain ! — il ne fait pas de phrase,
Celui-là ; mais il tranche un complot par la base.

LES CITOYENS.

Vive Marat !

Charlotte entre chez le coutelier.

L'ORATEUR.

Notez le passage suivant.

Il lit.

« Jamais nous n'avons joui de quelque repos qu'à la « suite des expéditions populaires. Alors ils étaient tran- « quilles; ils jouaient même les patriotes.

Rires.

« Le rôle que la crainte des vengeances momentanées « leur a fait jouer quelques jours, la crainte constante des « supplices le leur ferait jouer jusqu'à leur mort. »

DEUXIÈME CITOYEN.

Comme c'est raisonné!

L'ORATEUR, lisant.

« Quand donc comprendrons-nous que la liberté ne peut « être établie que par la violence? »

PREMIER CITOYEN.

C'est compris. — En avant!

QUATRIÈME CITOYEN, tirant son sabre du fourreau, et l'agitant au-dessus de sa tête.

Vive la liberté!

L'ORATEUR.

Vous êtes tous des hommes?

LES CITOYENS.

Oui, oui.

L'ORATEUR.

Vous êtes tous décidés?

LES CITOYENS.

Nous le sommes.

L'ORATEUR.

Eh bien! donc, suivez-moi!

Il descend de sa chaise, et se met à la tête du groupe.

PLUSIEURS CITOYENS.

Marchons!

PREMIER CITOYEN.

Septembrisons
Les traîtres Girondins qui sont dans les prisons!

DEUXIÈME CITOYEN.

Mort aux accapareurs!

L'ORATEUR, se mettant en marche, à la tête du groupe.

Au faubourg Poissonnière!

Il sort à droite, suivi d'une portion du groupe. — Une autre portion reste indécise et se groupe vers la droite.

QUATRIÈME CITOYEN, se retournant vers ceux qui restent.

Hé! vous autres! pourquoi restez-vous en arrière?
— Venez donc, citoyens!

PLUSIEURS CITOYENS.

Allons!

CINQUIÈME CITOYEN, à son voisin.

Viens-tu?

SIXIÈME CITOYEN.

Pas moi ;
Et si vous m'en croyez, vous n'irez pas.

CINQUIÈME CITOYEN.

Pourquoi ?

SIXIÈME CITOYEN.

Je déclare d'abord, en ce qui me concerne,
Que les accapareurs méritent la lanterne.

LES CITOYENS.

Bravo !

SIXIÈME CITOYEN.

Mais prenons garde. — Hier, je suis allé
Au club des Jacobins ; Robespierre a parlé.

SEPTIÈME CITOYEN.

Qu'a-t-il dit ?

SIXIÈME CITOYEN.

Il s'est plaint beaucoup des anarchistes ;
Il a dit que ce sont des agents royalistes,
Ceux qui poussent le peuple à des hostilités
Sur les individus ou les propriétés.

CINQUIÈME CITOYEN.

Ah ! vraiment !

SEPTIÈME CITOYEN.

C'est possible, au fait.

CINQUIÈME CITOYEN.

Pas d'imprudence !

QUATRIÈME CITOYEN.

Ah ! bah ! Marat vaut bien Robespierre, je pense.

SIXIÈME CITOYEN.

Robespierre est un pur.

QUATRIÈME CITOYEN.

Oui ; mais c'est un savant ;
Et puis il est toujours mis comme un ci-devant.
On comprend mieux Marat ; il a l'air d'un des nôtres ;
Il est en carmagnole aussi bien que nous autres.

CINQUIÈME CITOYEN.

C'est vrai. Vive Marat !

SIXIÈME CITOYEN.

Mais Robespierre...

CINQUIÈME CITOYEN.

Eh bien ! —
Marat et Robespierre !

SCÈNE II

LES MÊMES, CAMILLE DESMOULINS, PHILIPPEAUX.

Camille Desmoulins et Philippeaux arrivent en se donnant le bras. Ils se sont approchés du groupe et ont entendu les derniers mots.

CAMILLE DESMOULINS, *au cinquième citoyen.*

Et Danton, citoyen ?

QUATRIÈME CITOYEN.

C'est un tiède.

CAMILLE DESMOULINS.

Danton ! ce bouillant sans-culotte !
Ce lion, dont la griffe abattit le despote !
— Quand par les Prussiens nous étions envahis,
Qui donc, ô citoyens, a sauvé le pays ?
Ne vous souvient-il plus que, dans les grandes crises,
C'était lui qui guidait toutes vos entreprises ?
Que de bravos alors ! que d'applaudissements !
Vous l'étouffiez alors dans vos embrassements !
— Qu'a-t-il donc fait ? Comment a-t-il pu vous déplaire,
Qu'on accueille si mal un nom si populaire ?

CINQUIÈME CITOYEN.

Il est vrai que Danton a sauvé le pays.

PLUSIEURS CITOYENS.

Oui, oui. Vive Danton !

QUATRIÈME CITOYEN.

Non ; il nous a trahis.
Il a, le trente-un mai, protégé la Gironde.

CINQUIÈME CITOYEN.

C'est un aristocrate.

SEPTIÈME CITOYEN.

Un ami du beau monde.

QUATRIÈME CITOYEN.

Il vit comme un seigneur !

CAMILLE DESMOULINS.

Solon, le jacobin,
Aimait aussi les chants, les femmes et le vin.

QUATRIÈME CITOYEN.

Il voit des généraux !

CAMILLE DESMOULINS.

Eh bien ! quoi, camarade ?
Les sans-culottes grecs voyaient bien Miltiade.

SEPTIÈME CITOYEN, montrant Camille Desmoulins.

Il se moque de nous.

QUATRIÈME CITOYEN, à Camille Desmoulins.

Qu'es-tu, toi, muscadin ?

CAMILLE DESMOULINS.

Qui je suis ? — Répondez, arbres de ce jardin ! —

J'ai le droit de parler, à la place où nous sommes,
Plus que toi, Citoyen, plus qu'aucun de ces hommes.
— Quatre ans passés, ce jour même, treize juillet,
Un jeune homme était là, tenant un pistolet.
La révolution n'était pas encor faite ;
Nul à la commencer n'osait jouer sa tête.
Aux armes, mes amis ! — m'écriai-je, moi seul ;

Montrant le tilleul sous lequel il se trouve.

Puis je pris une feuille à ce même tilleul.
C'est ce feuillage vert, couleur de l'espérance,
Qui servit de cocarde à la nouvelle France.
— Citoyens ! vous voyez l'aîné de vos aïeux.
Montons au Capitole, et rendons grâce aux Dieux !

LES CITOYENS.

Camille Desmoulins !

QUATRIÈME CITOYEN.

Un autre aristocrate !

Les citoyens s'éloignent de Camille Desmoulins, d'un air méfiant, puis se dispersent de côté et d'autre.

PHILIPPEAUX, *à Camille Desmoulins, en l'entraînant par le bras.*

Viens ; laisse là ce peuple.

CAMILLE DESMOULINS, *s'éloignant avec Philippeaux.*

O multitude ingrate !
O peuple aussi léger que les Athéniens,
Mais plus impitoyable — et moins élégant !

PHILIPPEAUX.

Viens !

Ils sortent.

LES ENFANTS, *traversant de nouveau le fond du théâtre, en chantant leur ronde :*

Sur ton chapeau de paille,
Sur ton chapeau coquet,
Ou sur ta fine taille
Tu mettras mon bouquet.

Le rossignol chante,
Sous la feuille il chante,
Pendant l' mois d' mai,
Pendant le joli mois de mai.

Dessus ma robe blanche,
Ton bouquet je mettrai.
C'est aujourd'hui dimanche :
Allons danser au pré.

Le rossignol chante,
Sous la feuille il chante,
Pendant l' mois d' mai,
Pendant le joli mois de mai.

Ils disparaissent par le fond.

SCÈNE III

CHARLOTTE, LE COUTELIER.

LE COUTELIER, *sur le seuil de sa boutique, tenant à la main un couteau qu'il montre à Charlotte.*

S'il vous faut un couteau dont la trempe soit bonne,
Un fort couteau, — prenez celui que je vous donne.

Charlotte prend le couteau et l'examine.

Regardez ; c'est solide. Un coup, frappé d'aplomb,
Vous traverse un écu, comme un morceau de plomb.

CHARLOTTE.

Combien le vendez-vous ?

LE COUTELIER.

Trois francs. — Le camarade
Qui l'aurait dans le corps serait un peu malade.

Charlotte lui donne trois francs.

LE COUTELIER, *reprenant le couteau, qu'il essuie sur sa manche, et le rendant à Charlotte.*

C'est pour vous, belle enfant, le bijou que voici?

CHARLOTTE.

C'est un cadeau.

LE COUTELIER.

Bien, bien. Je plaisantais. — Merci.

Il rentre dans son magasin.

SCÈNE IV

CHARLOTTE, *seule, regardant le couteau.*

Le voilà! — Je ne puis en regarder la lame,
Sans frissonner d'horreur jusques au fond de l'âme.

Elle cache le couteau dans son sein, par-dessous son mantelet, et s'éloigne précipitamment de la boutique du coutelier.

— Ah! le projet, conçu d'abord avec orgueil,
Quand il faut l'accomplir, n'est plus vu du même œil.
La résolution, qui paraissait si fière,
S'arrête devant l'acte, et retourne en arrière.
Je ne voyais de loin que le pays vengé;
Ce que je vois de près c'est un homme égorgé.
— Enfoncer le couteau, moi-même! Chose horrible!
Puis-je donner la mort? Ai-je ce droit terrible?
Quels que soient ses forfaits, ce n'est qu'au magistrat
Qu'appartient le pouvoir de condamner Marat;
Et quand les tribunaux manquent à leur office,

Est-ce à moi d'usurper l'œuvre de la justice?
Où s'arrêtera-t-on dans ce sanglant chemin,
Si chacun se fait juge et punit de sa main?
— Pourtant combien sont morts! et combien vont les suivre!
Je les laisse périr, si je le laisse vivre.
A cette alternative on se voit condamné :
Il faut qu'il assassine, ou soit assassiné.
A quel titre d'ailleurs, et par quel privilége
L'homme sans loi veut-il que la loi le protége?
Non; qui s'en affranchit y renonce pour lui;
Il s'en désarme, alors qu'il en désarme autrui.
Arrière, droit commun et règles ordinaires!
Vous n'êtes plus d'usage en ces temps sanguinaires.
Il est certains moments dans le cours des États,
Où la loi ne peut rien contre les attentats.
Lois, coutumes et mœurs, tout chancelle, tout croule;
Un vertige inouï s'empare de la foule;
En ce renversement de tout ordre normal,
On ne distingue plus ni le bien, ni le mal;
La pire énormité rencontre des apôtres;
La lâcheté des uns fait l'audace des autres;
Et la société, dans cette guerre à mort,
Rentre à l'état sauvage où règne le plus fort.
Comme la loi n'est plus la gardienne suprême,
Chacun reprend le droit de se garder lui-même;
Chacun, selon son bras, défend son étendard,
Les hommes par l'épée, et moi par le poignard.
Heureux les combattants, à qui je porte envie!
Mais en frappant comme eux je donne aussi ma vie.
Poignard, agent du crime, agent déshonoré,
Ennoblis-toi! tu sers un intérêt sacré.
Frappe; ne tremble pas dans des mains généreuses;
Montre aux crimes hardis des vertus vigoureuses;

Et souviens-toi qu'Athène entoura d'un feston
Le fer d'Harmodius et d'Aristogiton.
Que si, tout pur qu'il est, mon dévoûment s'abuse,
Si le meurtre jamais ne peut avoir d'excuse,
Si le droit qu'admettait toute l'antiquité
Fut un long attentat contre l'humanité,
Si Dieu, guide incertain, nous offre dans son livre
L'exemple de Judith et défend de le suivre,
Si je ne dois laisser qu'un renom criminel
Et chargé justement d'un opprobre éternel,
C'est affreux ; — l'échafaud est un moindre supplice.
— N'importe ! je puis faire encor ce sacrifice.
Braver la mort n'est rien ; mais le mépris bravé
Est un effort plus rare et qui m'est réservé.
Que je sauve la France et que je sois flétrie !
La honte soit pour moi, le fruit pour ma patrie !
Puisse l'acte féroce auquel je me résous
Rendre quelque énergie aux gens de bien trop mous ;
Qu'ils exècrent mon nom ; qu'ils m'appellent infâme ;
Mais rougissent d'avoir moins de cœur d'une femme ;
Qu'ils apprennent de moi, sauf à l'employer mieux,
Le courage d'agir contre les factieux.
Ah ! cœurs indifférents et lâches que les nôtres !
Chacun croit que la foudre éclatera sur d'autres.
— Puissent, puissent aussi trembler les malfaiteurs !
Et si jamais Marat a des imitateurs,
Ils songeront du moins que la vengeance veille,
Et que Charlotte aussi peut avoir sa pareille.
Un monstre tel que lui, s'il échappe à la loi,
Craindra de rencontrer un monstre tel que moi.

Charlotte s'asseoit à droite. — La petite fille descend jusqu'à l'avant-scène, en sautant à la corde ; arrivée à quelques pas de Charlotte, elle s'arrête et la regarde ; puis elle va embrasser Charlotte, qui lui tend les bras.

SCÈNE V

CHARLOTTE, L'ENFANT.

CHARLOTTE.

Viens, mon enfant ! — Bonjour, figure blanche et rose !
Ma vue avec bonheur sur ton front se repose.
— C'est étrange ! toujours les enfants vont à moi ;
Je les attire tous, je ne sais pas pourquoi.
A Caen, c'était le fils d'une pauvre ouvrière,
Qui s'était pris pour moi d'amitié singulière ;
Il me suivait partout, et, dans les prés voisins,
J'ai souvent crayonné pour lui quelques dessins.

La petite fille, appuyée sur les genoux de Charlotte, prend le couteau dont le manche paraît ; en le tirant du sein de Charlotte, elle le laisse tomber par terre. — Charlotte le ramasse promptement et le remet dans son sein.

Qui croirait qu'exerçant sur l'enfance un tel charme,
Je m'apprête à tuer un homme avec cette arme !

L'ENFANT.

Pourquoi faire avez-vous ce couteau de boucher ?
— Faites-moi voir.

CHARLOTTE, *repoussant l'enfant.*

Non pas !

D'un ton plus doux.

Il n'y faut pas toucher.
— Comment vous nommez-vous ?

L'ENFANT.

Je me nomme Louise.

CHARLOTTE.

Où donc est votre mère ?

L'ENFANT, *montrant la jeune femme assise au fond du théâtre.*

Elle est là-bas, assise.

L'enfant joue avec les graviers.

CHARLOTTE.

Que la voix des enfants, que l'aspect de leurs jeux
Rendent vite le calme à nos cœurs orageux !
C'est comme un pur matin dont la fraîche rosée
Descendrait lentement sur ma tête apaisée.

Elle se lève et fait quelques pas.

— Comme le ciel est bleu ! — Derrière ces maisons
Comme on doit découvrir de vastes horizons !
Voici l'heure, où, frappant le pied de la muraille,
Le soleil occupait le banc où je travaille.
— Ah ! ma cour solitaire ! — Ah ! mes vallons normands,
Pleins de lumière, d'ombre et de mugissements !
Vents du couchant, perdus dans ces rares ombrages,
M'apportez-vous l'odeur de nos verts pâturages ?

Elle regarde l'enfant qui la tire par sa robe.

J'aurais pu cependant être entourée aussi
De jolis anges blonds pareils à celui-ci.
Il faut que je renonce à tout ce qu'on envie :
Je vais mourir, avant d'avoir connu la vie !

Elle se rassied, et l'enfant s'appuie de nouveau sur ses genoux.

Si quelqu'un doit pourtant la regretter, c'est moi.
De beaux jours m'attendaient ; j'étais aimée ! — ô toi !
Nom chéri, que ma lèvre incessamment murmure !
Toi, que j'ai craint d'aimer d'un amour sans mesure !
Ah ! tu ne savais pas, quand ton doux plaidoyer
Me conviait naguère au bonheur du foyer,
Que mon cœur combattait pour toi contre moi-même,
Et que j'allais céder sans un effort suprême !

La jeune femme, assise au fond du théâtre, se lève et cherche son enfant des yeux ; elle l'aperçoit près de Charlotte, et vient vers celle-ci.

SCÈNE VI

CHARLOTTE, L'ENFANT, LA JEUNE FEMME.

LA JEUNE FEMME, à Charlotte.

Cette enfant vous ennuie; excusez-moi.

Elle veut emmener l'enfant, que Charlotte retient.

CHARLOTTE.

Non pas;

Je prends plaisir à voir ses gracieux ébats.

LA JEUNE FEMME, *s'asseyant près de Charlotte.*

Avez-vous donc, vous-même, une petite fille?

CHARLOTTE.

Je suis seule en ce monde, et n'ai point de famille.

LA JEUNE FEMME.

Si jeune et toute seule à Paris! — Mais du moins
Vous avez des amis qui vous donnent leurs soins?

CHARLOTTE.

Je n'y connais personne, et n'y suis pas connue;
Pour la première fois, hier, j'y suis venue.

LA JEUNE FEMME.

Je comprends; vos parents sont peut-être en prison
— Ou morts? — et c'est pourquoi vous fuyez la maison?

Charlotte ne répond pas.

— Pardon; je renouvelle ainsi votre tristesse;
Mais c'est qu'en vérité votre sort m'intéresse.

Que ferez-vous, bon Dieu! sans ami, sans parent,
Isolée, au milieu de ce Paris si grand!
— Où logez-vous?

CHARLOTTE.

Dans un hôtel.

LA JEUNE FEMME.

Quelle ressource
Avez-vous, pauvre enfant?

CHARLOTTE.

J'ai de l'or dans ma bourse.

LA JEUNE FEMME.

Et cet or épuisé?... savez-vous un état?

CHARLOTTE.

Aucun.

LA JEUNE FEMME.

Cela se voit à votre air délicat;
Mais quoique le travail soit pour vous chose neuve,
Il faut s'y résigner, en ces moments d'épreuve.
— Écoutez-moi : je suis la femme d'un luthier;
Nous gagnons notre vie à cet humble métier.
Pour un hôte de plus ma table est assez large;
— Venez; ne craignez pas de nous être une charge.
Aux travaux de notre art je puis vous employer,
Et l'œuvre de vos mains paira votre loyer.

CHARLOTTE.

Vous êtes heureuse?

LA JEUNE FEMME.

Oui; nous vivons en famille.
J'assiste mon mari; je vois grandir ma fille.

CHARLOTTE.

Vous n'avez donc pas peur?

LA JEUNE FEMME.

Mais non. Que craignons-nous?
Notre destin obscur n'attire pas les coups;
Et d'ailleurs mon mari, content dans son ménage,
Ne hante pas les clubs et reste à son ouvrage.

CHARLOTTE, *à elle-même.*

Il est donc dans Paris, dans l'enfer déchaîné,
Pouvant s'aimer en paix, un couple fortuné!

Elle se lève et fait quelques pas.

Ah! qui suit la nature est dans la bonne voie :
C'est là qu'est la sagesse, et c'est là qu'est la joie!

LA JEUNE FEMME.

Eh bien! acceptez-vous mon offre?

CHARLOTTE.

Je ne peux.

Elle revient vers la jeune femme et lui prend la main.

Je vous en remercie, et vous suis de mes vœux.
Jouissez d'un bonheur dont je me sens jalouse.
— Adieu, joyeuse mère! — adieu, joyeuse épouse!

Avant de sortir, elle regarde encore la jeune femme et la petite fille, à qui elle tend les bras. La petite fille va l'embrasser. Charlotte sort.

SCÈNE VII

Le cabinet de travail de Marat. — Point de meubles ; les murailles humides sont tapissées d'un vieux papier jaune déchiré, sur lequel sont collés çà et là des affiches, des proclamations, des journaux, des arrêtés de la commune. Des volumes ouverts sont entassés sur le plancher. Des journaux fraîchement imprimés sèchent sur les chaises. — A droite, sur le côté, une fenêtre s'ouvrant sur la rue ; au fond, à droite, une porte conduisant à une antichambre occupée par des brocheuses, des protes, des imprimeurs, des porteurs de journaux. — Au milieu du fond du théâtre, une salle de bains fermée par des rideaux. — A gauche, au premier plan, une cheminée sur laquelle sont des papiers et un petit miroir. — A gauche, au deuxième plan, une porte s'ouvrant sur l'escalier.

A droite, une table chargée de papiers, de lettres, de journaux et de livres ; une écritoire en plomb et des plumes. Près de la table, un vieux fauteuil et des chaises de paille. — A gauche, près de la cheminée, un autre fauteuil.

MARAT, DANTON, ROBESPIERRE.

Marat assis, ou plutôt à demi couché, d'un air souffrant, dans le fauteuil, à gauche de la table. — Robespierre assis sur une chaise, de l'autre côté de la table, à droite. — Danton, debout devant sa chaise, entre Marat et Robespierre.

DANTON.

Le triomphe est complet. Nous sommes tout-puissants.
Le peuple élève aux cieux nos noms retentissants.
Tout nous appartient, clubs, comités, ministères,
Justice, emplois civils et forces militaires ;
Et la Convention acclame, sans débats,
Nos décrets qu'elle vote et ne discute pas.
La Gironde a longtemps balancé notre empire ;
Les destins sont fixés, et la Gironde expire.
La révolution est à nous cette fois.
— Eh bien ! qu'en ferons-nous, puisqu'elle est à nous trois ?

ROBESPIERRE.

La révolution n'appartient à personne.
Je ferai, quant à moi, ce que le peuple ordonne.

DANTON.

Eh! sans doute! le peuple est souverain; c'est dit;
Mais tu n'es pas aux clubs où cela s'applaudit.
Laissons donc entre nous ce mot sonore et vide;
On sait bien que le peuple a besoin qu'on le guide.

Il s'assied.

Je dis qu'il faut régler, par un commun accord,
La révolution dont nous tenons le sort.
— Voulez-vous la pousser jusques aux derniers actes,
Ouvrir aux passions toutes leurs cataractes,
Et tout bouleverser, au point que le soleil
N'aura pas encor vu cataclysme pareil?
Nous le pouvons. — Pourtant songez-y, vous dirai-je;
Nous avons abattu le dernier privilége;
Que reste-t-il encor qui puisse être emporté,
Sinon les fondements de la société?
— Croyez-vous que la crise approche de son terme?
Voulez-vous établir un gouvernement ferme?
Nous le pouvons. — D'un mot, créateurs ou fléaux,
Nous allons faire l'ordre ou faire le chaos.
De l'audace! ai-je dit, en lançant le tonnerre;
L'audace est l'instrument révolutionnaire;
Mais après la bataille il faut pacifier.
Nous avons démoli, sachons édifier.
Autres sont les moyens de construire et d'abattre;
S'il fallait faire peur, quand il fallait combattre,
Quand nous avons vaincu, nous devons consommer
L'œuvre républicaine en la faisant aimer.
Elle aura tous les cœurs, si l'ordre recommence.
Pour cela que faut-il? La force et la clémence.
Légalité, respect à la Convention,
Gouvernement puissant, unité d'action,

Tout est là. — Mais d'abord désarmons la Commune.
Deux souverainetés, c'est trop. Il n'en faut qu'une.
— Qu'en dis-tu, Robespierre ?

ROBESPIERRE.

Ah ! que demandes-tu ?
Je suis bien fatigué d'avoir tant combattu.
A quoi bon les efforts du patriote austère ?
La vertu fut toujours trop rare sur la terre,
Et l'on se décourage à poursuivre ici-bas
Le bien que l'on veut faire et que l'on ne fait pas.

DANTON.

A part. *Haut.*
Bon ! sa vieille chanson ! — Essayons tous ensemble.

ROBESPIERRE.

Les essais ne sont pas si faciles qu'il semble.
La liberté ne vit que par les bonnes mœurs ;
Pour réformer l'État, réformez donc les cœurs,
Sinon, vainqueurs d'un roi, mais vaincus par le vice,
Vous n'aurez fait bientôt que changer de service.

Danton se lève avec impatience, et se promène vers la gauche.

Eh bien ! substituer, pour le commun bonheur,
Les lois de la morale aux lois d'un faux honneur,
La raison éclairée au sombre fanatisme,
Le devoir au calcul, l'amour à l'égoïsme,
Développer l'essor des instincts généreux,
Ne pas souffrir qu'en France il soit un malheureux,
Fonder l'égalité, ce beau rêve du juste,
En faisant respecter ce qui doit être auguste,
Ce n'est pas là, Danton, l'effet d'un coup de main,
C'est un travail immense et le chef-d'œuvre humain,

Et la probité seule, alliée au génie,
Peut des mœurs et des lois créer cette harmonie.

DANTON, à part.

Déclamateur !

MARAT, à part.

Tartufe !

DANTON, se rapprochant de Robespierre.

Un chef-d'œuvre en effet !
Pour en venir à bout dis-nous comment on fait.

ROBESPIERRE.

Cultivez la raison ; l'instruction première
Doit luire à tout le monde, ainsi que la lumière.
Formez la conscience, et d'abord sachez bien,
S'il ne parle de Dieu, que ce mot ne dit rien.
On foule aux pieds la loi qui n'a pas pour tutelle
Le dogme d'un Dieu juste et d'une âme immortelle.
— Dogmes consolateurs, soutenez l'innocent !
Troublez, dogmes vengeurs, le crime pâlissant !
Célestes alliés de la justice humaine,
Épurez, exaltez l'âme républicaine !
Vous faites les héros, et l'athéisme abject
Fait le tyran cruel et le lâche sujet.

DANTON.

D'accord ; et je partage en tout point ta doctrine ;
Encor faut-il du temps avant qu'on l'enracine.
Les enfants grandiront sans doute, et leur raison
Portera d'heureux fruits, quand viendra la saison ;

Il s'incline vers Robespierre.

Mais le peuple actuel, qui manqua de bons maîtres,
Nous peut en attendant jeter par les fenêtres.
— Je ne vois rien d'où sorte un prochain résultat;
J'entends le philosophe et non l'homme d'État.
J'ai peur qu'à dire vrai tes regards ne se noient
Dans un fond vaporeux dont les lignes ondoient,
Et que tous ces grands mots, bonheur, vertu, raison,
Dont la demi-lueur flotte sur l'horizon,
N'éclairent qu'une vague et fausse perspective
Qu'on voit s'évanouir aussitôt qu'on arrive.

ROBESPIERRE, *se levant et allant à Danton.*

Oui, je sais que ces mots excitent tes dédains;
Ils faisaient avant toi rire les Girondins.

Il revient vers la table.

Tous les ambitieux ont eu cette méthode;
Le matérialisme à leurs plans est commode;
Corrompus, corrupteurs, ils avaient observé
Qu'on asservit sans peine un peuple dépravé.
César, qui méditait l'esclavage de Rome,
Soutient qu'après la mort rien ne survit à l'homme;
Mais Socrate mourant entretient ses amis
Des immortels destins que Dieu nous a promis.
— Je sais aussi, je sais que la vertu succombe;
Le chemin du devoir est celui de la tombe.
Haï, calomnié dans ses meilleurs desseins,
L'homme intègre est toujours entouré d'assassins.
Eh bien! je m'abandonne à leur main scélérate;
Je boirai, sans regret, la coupe de Socrate.

Il se rassied.

DANTON, *toujours debout.*

On ne te l'offre pas. — Voyons, parle, Marat.

MARAT, *toujours assis.*

Ah! tu t'abaisses donc jusqu'à moi, frère ingrat?
Et Marat n'est donc plus ce maniaque acerbe
Qui compromet les plans de Danton le superbe?

Regardant Robespierre. *Regardant Danton.*

Je ne suis ni cafard, ni faiseur de discours,
Et vais tout droit au but par des chemins très-courts.
Eh bien! la liberté ne sera pas fondée,
Si l'on ne suit ma simple et lumineuse idée.
On la connaît déjà; je l'ai dans mes écrits
Indiquée aux penseurs et non aux beaux-esprits.
— Il faut qu'on nomme un chef, un tribun militaire,
Un dictateur; le nom ne fait rien à l'affaire;
Il faut que ce tribun, entouré de licteurs,
Recherche et mette à mort tous les conspirateurs;
De crainte des abus, que son unique tâche
Soit de faire tomber les têtes sous la hache,
Et qu'un boulet aux pieds, insigne du pouvoir,
L'enchaîne au châtiment, s'il manque à son devoir.
— Je coupe ainsi d'un coup les trames qu'on prépare,
Et j'épargne le sang dont il faut être avare.

DANTON, *à Robespierre.*

Toujours fou!

MARAT.

L'an passé, c'était encor plus sûr;
Nous jouirions déjà du calme le plus pur.
Cent têtes, qu'il fallait couper en temps utile,
Nous auraient dispensés d'en couper trois cent mille.

ROBESPIERRE.

Trois cent mille!

MARAT.

Ah ! Danton, j'avais espoir en toi ;
Je voulais te donner ce redoutable emploi.
Ton audace m'a plu ; mais j'ai connu bien vite
Que l'audace était grande et la sphère petite.
Ton esprit ne sait pas planer dans ces hauteurs
Où tout scrupule échappe aux vrais législateurs ;
Les terrestres liens t'empêchent de m'y suivre ;
D'un misérable orgueil ta parole t'enivre ;
Des flatteurs empressés te prodiguent l'encens ;
L'or, l'amour, les festins ont captivé tes sens,
Et la dépouille Belge, hélas ! est la Capoue
Où le victorieux dans la mollesse échoue.

ROBESPIERRE, à demi-voix.

J'en connais de plus fous.

MARAT.

J'ai, la lanterne en main,
Cherché ; je n'ai point vu d'homme sur mon chemin.
Regardant Danton. Regardant Robespierre.
L'un manque de grandeur, et l'autre de courage.
— Alors ce sera moi qui ferai votre ouvrage.

Il se lève, et marche d'un pas agité vers la gauche.

DANTON.

Enfin que veux-tu donc ?

MARAT.

Je ne pense pas, moi,
Que tout soit terminé, dès qu'on n'a plus de roi ;
C'est le commencement. — Je sais que chez les nôtres

Quelques-uns ne voulaient que la place des autres,
Et tiennent que chacun doit être satisfait,
Quand ce sont eux qui font ce que d'autres ont fait.
Leur révolution se mesure à leur taille.
— Ce n'est pas pour si peu, Danton, que je travaille.
Ami du peuple hier, je le suis aujourd'hui ;
J'ai souffert, j'ai lutté, j'ai haï comme lui ;
Misère, oubli, dédain, hauteur patricienne,
Ses affronts sont les miens ; sa vengeance est la mienne.
Il le sait ; il défend celui qui le défend.
Or, je porterai loin son drapeau triomphant.
Il ne me suffit pas d'un changement de forme ;
Au sein des profondeurs j'enfonce la réforme.
Je veux, armé du soc, retourner les sillons.
A l'ombre les habits ! au soleil les haillons !
Je veux que la misère écrase l'opulence,
Que le pauvre à son tour ait le droit d'insolence,
Qu'on tremble devant ceux qui manqueront de pain,
Et qu'ils aient leurs flatteurs, courtisans de la faim.
Chapeau bas, grands seigneurs, bourgeois et valetaille !
Vos maîtres vont passer : saluez la canaille !
— Oh ! ce sont des plaisirs lentement savourés,
Et qui compensent bien tant d'affronts dévorés,
Que cet abaissement d'une classe arrogante,
Se parant gauchement de la veste indigente,
S'exerçant aux jurons, et, chute sans grandeur !
Des cris qu'elle déteste exagérant l'ardeur !

DANTON, éclatant enfin, après avoir arpenté le théâtre à grands pas, pendant les dernières paroles de Marat.

Morbleu ! — la liberté ne veut pas de despotes.
Chapeau bas, grands seigneurs ! chapeau bas, sans-culottes !
Et saluez la loi, non les individus ;

Car ce n'est qu'à la loi que ces respects sont dus.
Le nouveau droit commun confond toutes les classes;
Je ne distingue plus ni familles ni races;
Le peuple est tout le monde, et les nobles anciens,
Tombés nobles, se sont relevés citoyens.

MARAT.

Tu n'y comprends rien.

DANTON.

Non; je n'ai pas ce génie.
Je veux tout simplement briser la tyrannie;
Qu'elle vienne d'en haut, qu'elle vienne d'en bas,
Elle est la tyrannie, et je ne l'aime pas.

MARAT.

C'est fort bien. Va du pauvre au riche que tu flattes;
Prends-toi d'amour subit pour les aristocrates;
Va, va, ce n'est pas toi qui les peux relever;
— Prends garde de te perdre, en voulant les sauver.

Il passe devant Danton.

Quant au peuple, il saura se passer de ton aide.
— Tu m'as interrogé; je t'ai dit le remède...

DANTON.

Beau remède!

MARAT, revenant vers la table.

Nommez sans délai, sans retard,
Nommez un dictateur. — Demain sera trop tard.
Le peuple vengera lui-même son injure,
Et ce sera terrible alors, je vous le jure.
Rien n'arrêtera plus l'effusion du sang;
Moi-même à la régler je serais impuissant.

Le peuple, brandissant le glaive de l'archange,
Bavardez, dira-t-il, bavardez ! — Je me venge.
Et son glaive au fourreau ne sera pas remis,
Qu'il n'ait exterminé ses derniers ennemis :
Courtisans, financiers, accapareurs, pirates,
Robins, calotins, bref, tous les aristocrates.

Il se remet à marcher.

DANTON.

Aristocrates ! bah ! vieux mot ! spectre abattu !
— Où sont-ils? qui sont-ils? à quoi les connais-tu?

MARAT.

C'est facile : les mains blanches et délicates,
Les dentelles, l'habit de soie, — aristocrates!
Quiconque est en voiture, ou sort de l'Opéra,
Tient maison, a valets, chevaux et cœtera,
Aristocrate ! — on peut le tuer sans scrupule.

Il va tomber épuisé dans le fauteuil qui est près de la cheminée à gauche. Danton se rapproche de Robespierre, toujours assis ; ils se regardent tous les deux avec stupéfaction.

DANTON.

C'est la pleine démence.

ROBESPIERRE.

Atroce et ridicule !

DANTON, *allant à Marat qu'il touche sur l'épaule, et lui parlant d'un ton compatissant.*

La fièvre est dans tes yeux et brise ton accent ;
Les persécutions ont enflammé ton sang ;
Les cachots souterrains, qui t'ont prêté leur ombre,
Ont laissé sur ton cœur quelque chose de sombre.
Repose-toi, Marat, et sache à ce propos
Que la Convention te permet le repos.

MARAT.

C'est beaucoup d'intérêt; merci; je t'en dispense.
Je ne suis pas encor si malade qu'on pense.
Sois tranquille; il me reste en ce corps si chétif,
Pour ôter plus d'un masque, un sang assez actif.

Il se lève.

Oui, j'ai vécu trois ans dans les caves funèbres;
Comme l'oiseau de nuit, j'ai hanté les ténèbres;
J'en suis fier; c'est de là que, malgré les tyrans,
La vérité dardait ses rayons pénétrants.
Et voilà donc le fruit de mes longues alarmes!
Ainsi contre moi-même on en tire des armes!
« L'homme des souterrains est sanguinaire et fou;
« J'ai la soif d'un vampire et les yeux d'un hibou;
« Ambitieux! dit l'autre; et c'est encor clémence,
« Quand je suis seulement accusé de démence. »

Il va s'asseoir vers la table.

Ambitieux! — Pourquoi? j'ignore les besoins.

Il montre son logement.

Voyez : quel Phocion s'est contenté de moins?
— Un fou! — Mais j'en appelle à ma plume savante :
J'ai fait jusqu'à ce jour vingt livres, et m'en vante.
— Un homme sanguinaire! — Ah! je fus toujours doux.
Cœurs sensibles et bons, je m'en rapporte à vous!
C'est la sainte équité, c'est la philanthropie
Qui m'ont seules armé contre une caste impie.
Il me fut démontré qu'épargner cent coquins,
C'est vouer à la mort mille républicains;
Dès lors quel cœur de fer, quel homme sans entrailles,
Eût condamné la France à tant de funérailles?
Et quand c'est pour sauver tout un peuple innocent,
Sied-il de marchander quelques gouttes de sang?

Il se remet à marcher d'un pas convulsif.

— Par exemple, à quoi donc vous sert la guillotine,
Puisque vous laissez vivre et Biron et Custine?

DANTON.

Comment! deux généraux!

MARAT.

Deux Dumouriez! — Pourquoi
N'extermine-t-on pas la famille du roi?

DANTON.

Des femmes!

MARAT.

Que fait-on, — l'échafaud les demande, —
De Vergniaud, de Brissot, et de toute leur bande?

DANTON.

Des représentants!

MARAT.

Non; des rebelles, morbleu!
Barbaroux, leur ami, met l'occident en feu.
Plus d'une fois déjà j'ai demandé leurs têtes;
Mais la Convention ne lit pas mes requêtes.
On me croit moribond, n'est-il pas vrai? — Tout beau,
Messieurs! ne pleurez pas déjà sur mon tombeau.

Il va vers la table, et y prend une lettre.

Cette troisième lettre est aux autres pareille;
Si la Convention fait encor sourde oreille,
Malade, frissonnant, fiévreux, je me ferai
Porter à la tribune, et je vous la lirai.
Pour toi, Danton, j'aurai l'œil sur tes défaillances.

Ami de Dumouriez, veille à tes alliances.
Je ne sais par quel Dieu son bras fut désarmé;
Mais Achille a paru bien mou, le trente-un mai.
Adversaire courtois, sous une forme rude,
Tu frappais la Gironde avec mansuétude;
Tu regrettais de vaincre et de couper les fleurs
Dont s'émaillait l'esprit de ces jolis parleurs,
Si bien que, débutant par des coups de tonnerre,
L'orage s'épuisait en fracas débonnaire.
La haine est pour ton cœur un fardeau trop pesant?
Tant pis! — Il faut haïr un parti malfaisant.
L'indulgence est un jeu plus brillant, je l'avoue;
Mais un jeu dangereux pour celui qui le joue.

Il va s'asseoir vers la cheminée.

DANTON[1], *qui l'a écouté, les bras croisés.*

Fais ce que tu voudras, pardieu! — Je suis dressé
A menacer, et non à me voir menacé.
Je m'appelle Danton. — Vois-tu cette main large
Qui broie un trône et lance un peuple au pas de charge!
Ne la trouves-tu pas assez forte, dis-moi,
Pour t'écraser toi-même en s'abattant sur toi?
— Va, ma tête est solide encor sur mon épaule;
La révolution tourne autour de ce pôle.
Trouve un autre Danton, si tu peux. — Jusque-là
Regarde avec respect la tête que voilà.
Écoute: je suis franc, ne craignant rien au monde:
J'ai voulu, comme vous, terrasser la Gironde.
Si j'avais appuyé ceux que j'ai combattus,
Ils seraient les vainqueurs, vous seriez les battus.
J'ai voulu leur défaite et ne veux pas leurs têtes;
Ils sont représentants aussi bien que vous l'êtes;

[1] Marat assis à gauche, Danton, debout au milieu de la scène, Robespierre assis à droite.

Je ne veux plus livrer ce nom à des mépris
Que le peuple déjà n'a que trop bien appris.
Plus d'échafaud d'ailleurs, ni pour eux, ni pour d'autres!
— Mes yeux ne sont pas plus timides que les vôtres :
Je comprends un moment de colère, un frisson,
Un vertige sanglant qui trouble la raison,
Déchaîne les instincts de la bête féroce ;
Et pousse tout un peuple à quelque drame atroce.
L'humanité gémit et se voile le front ;
C'est la vengeance ; c'est épouvantable et prompt ;
— Mais que la fièvre cesse et la soif soit la même !
Ériger froidement l'échafaud en système !
Fi donc ! — j'aimerais mieux, mourant avec honneur,
Être guillotiné, qu'être guillotineur !

MARAT.

A ton gré !

ROBESPIERRE, se levant et allant vers Danton et Marat.

Citoyens, trêve à cette dispute!
Le patriote est calme et gravement discute.

DANTON.

Morbleu! je parle haut, et ne pratique pas
La prudence de ceux qui s'indignent tout bas.

Il va s'asseoir vers la table dans le fauteuil de Marat.

MARAT.

Le silence est habile, et plus d'un bon apôtre
Sait, entre deux partis, ménager l'un et l'autre.

ROBESPIERRE. [1]

Je ne ménage rien, Marat. — Quand il le faut,

[1] Marat assis à gauche, Robespierre debout, au milieu de la scène, Danton assis à droite.

Je suis homme, Danton, à savoir parler haut.
— Toujours le bien public me dicta ma réponse ;
Et puisque vous voulez qu'ici je me prononce,
Deux partis dangereux se disputent l'État :
L'un pousse à la faiblesse, et l'autre à l'attentat.
Ceux-là, les corrompus, sont prompts à l'indulgence ;
Ceux-ci, les forcenés, ne rêvent que vengeance ;
Les uns veulent fonder, noblesse pire encor,
La noblesse bourgeoise et le règne de l'or ;
Les autres, appelant le pillage à leur aide,
Lâchent les indigents sur celui qui possède.
C'est le vice ou l'excès. — Eh bien ! je ne suis pas
Du parti des Verrès, ni des Catilinas.

DANTON.

Oui, Cromwell te plaît mieux.

ROBESPIERRE.

Leur liberté profane
A l'air d'une bacchante ou d'une courtisane.
— J'aime le peuple ; — à lui le souverain pouvoir !
Mais je ne fais appel qu'à l'instinct du devoir ;
Je parle au dévoûment et non pas à l'envie ;
Ma voix par la morale au bonheur le convie.
Quand luiront-ils pour nous ces beaux jours fraternels !
— Quand nous ne craindrons plus les complots criminels.
L'échafaud jusqu'alors est encor salutaire ;
L'homme juste, à regret, s'en fait une arme austère ;
C'est aux mains des vertus qu'il remet la terreur :
Il punit sans faiblesse, et punit sans fureur.

DANTON, debout.

J'entends : une façon de tuer, pastorale !

Il imite du geste la chute du couteau.

Un bourreau vertueux, pratiquant la morale!

ROBESPIERRE, allant très-près de Danton.

Il est vrai que septembre y va d'autre façon,
Et peut, quant aux bourreaux, nous faire la leçon.

Il revient du côté de Marat.

DANTON.

Ah! septembre! — C'est bien. — O justice dernière!
Il me manquait encor d'indigner Robespierre.

Il va prendre son chapeau sur une chaise, à droite, puis remonte vers le fond entre Marat et Robespierre[1]:

Puisqu'un homme sans haine et sans mauvais orgueil
Ne reçoit nulle part un généreux accueil,
Puisqu'on ne trouve ici, pour raison politique,
Que fureur insensée ou chimère emphatique,
Adieu. — J'ai pu faillir. Dans le feu des combats
Quel est le combattant qui ne s'emporte pas?
Mais la postérité dira, pour être juste,
Qu'un souffle humain sortait de ce poumon robuste;
Qu'implacable au superbe, et clément au vaincu,
Ma colère au combat n'a jamais survécu.

Il sort à gauche.

SCÈNE VIII

MARAT, ROBESPIERRE.

ROBESPIERRE, suivant des yeux Danton.

Orgueilleux! libertin!

MARAT, se levant.

Ou sa tête, ou la tienne!

[1] Marat assis à gauche, Robespierre debout, à droite, Danton debout entre eux, un peu plus haut.

Si tu ne le préviens, crains qu'il ne te prévienne.

ROBESPIERRE.

Nous verrons.

MARAT.

Viens chez moi, quand tu voudras frapper.
Je t'aime faiblement, pour ne te pas tromper;
Mais tu vaux mieux, malgré ta courte intelligence,
Que ce vil apostat qui parle d'indulgence.

ROBESPIERRE.

Il suffit.

Il sort à gauche.

SCÈNE IX

MARAT, *seul.*

Il se rassied.

Hypocrite! — ambitieux mesquin! —
Disputez-vous tous deux le champ républicain!
Allez! démasquez-vous! ruez-vous l'un sur l'autre!
Vous fondez mon pouvoir sur les débris du vôtre.
— Petits hommes d'État! c'est à faire pitié!
Ils ont peur de leur œuvre et la font à moitié.

Il se lève.

— En marche donc! en marche! — Au bourgeois qui le chasse,
Le grand seigneur vaincu vient de céder la place;
Marche! — Le privilége est un doux oreiller;
La vanité bourgeoise y voudrait sommeiller;
Marche! Marche! — Le peuple accourt; le peuple arrive;
Il est là. — Parvenus! place au nouveau convive!
Les bourgeois ont chassé les nobles et les rois;
Bien! — Le peuple à son tour chassera les bourgeois.
— On commence à voir clair, maintenant; on se trouble.

Seul, dès le premier jour, j'ai prévu ce coup double;
Seul, je sais où je vais, et vais comme au début;
Je conduis, sans broncher, un principe à son but.
Puisque, moi seul, j'embrasse et poursuis un système,
A moi seul appartient l'autorité suprême!
Je l'aurai; je la tiens! — C'est beau! — Qui l'aurait dit!
Ah! monseigneur d'Artois, votre employé grandit;
L'obscur chirurgien des étables grossières
Travaille maintenant sur des têtes princières;
Je vois ceux qui riaient des écrits du savant,
Pâlir, au bruit que fait ma plume en écrivant.

Il va vers sa table et y prend sa plume qu'il regarde avec orgueil.

C'est mon sceptre!

Il regarde autour de lui.

— Voilà mon palais de Versailles!

Il montre les journaux épars sur sa table.

— Voilà les escadrons qui gagnent mes batailles!

Il va vers la fenêtre et l'ouvre.

— Et voilà mes États : la rue! — A son réveil,
Chacun me lit; partout j'entre avec le soleil,
Et, comme sous le vent la moisson balancée,
Tout un peuple onduleux frémit sous ma pensée.

Il regarde longuement dans la rue, et tend les bras au dehors, comme si le peuple était là.

Bon peuple! il me chérit. — D'autres lui font la cour;
D'autres ont son caprice, et moi, j'ai son amour.
Il sent que ma croyance est plus qu'une doctrine,
Et que ses passions battent dans ma poitrine.

Il revient sur le devant de la scène.

Oui, je suis son ami; je ne souffrirai pas
Qu'il s'élève aucun front au-dessus des plus bas.
Je nivelle. — Attila de la démocratie,
Je brise et foule aux pieds toute aristocratie;
Je promène, le fer et la flamme à la main,

Mes barbares du nord dans l'empire Romain.
Je suis grand! je peux tout!

Il pose la main sur sa poitrine.

— Ah! la fièvre me brûle;
Un poison enflammé dans mes veines circule;
— C'est la mort.

Il se traîne vers la cheminée, y prend un miroir et s'y regarde.

— Quel bonheur pour mes rivaux secrets,
Si du mal qui me tue ils savaient les progrès!
Déjà des espions comptent, d'un doigt avide,
Les signes du trépas sur mon front plus livide.
— A moi, ma fermeté! Domine la douleur,
Et défends à mon front de changer de couleur!

Mouvement de souffrance.

Je dissimule en vain, et Danton tout à l'heure
A lu dans mes sueurs la lèpre intérieure.

Il va tomber assis dans son fauteuil, près de la table qui est à droite.

— O mort! je laisse trop de traîtres ici-bas;
Quelques têtes encore, et puis tu me prendras!
O mort, attends un peu! Pour peu que tu retardes,
J'enverrai devant moi de belles avant-gardes.
A l'œuvre! hâtons-nous! Par un travail forcé
Doublons le peu de temps qui m'est encor laissé!

Il ouvre la porte de l'antichambre; entrent un prote, des afficheurs, des porteurs de journaux, des brocheuses, et Laurent Basse, commissionnaire de Marat.

Au prote, en lui remettant une épreuve.

Qu'on corrige l'épreuve, et qu'on me la renvoie.

Le prote sort à droite.

A un afficheur en lui remettant des placards.

Pour afficher.

L'afficheur sort à droite.

Aux brocheuses.

J'ai vu ces feuilles; qu'on les ploie,
Et qu'on mette l'adresse aux bandes du journal.

Les brocheuses sortent à droite.

A Laurent Basse.

— Toi, citoyen Laurent, va-t'en au tribunal;

Demande ce qu'on fait de ceux que je dénonce.

Il lui remet une lettre.

— Pour la Commune; — dis que j'attends la réponse.

Il lui remet d'autres lettres.

— Pour la Convention; — pour le club jacobin;
— Pour les Cordeliers. — Va.

Laurent sort à gauche. Tous les autres rentrent dans l'antichambre à droite.

SCÈNE X

MARAT, ALBERTINE, femme de Marat, sortant de la salle de bain.

ALBERTINE.

Marat, voici ton bain.

MARAT.

Puisse-t-il apaiser le feu qui me consume!

Il se lève et s'appuie sur le bras d'Albertine.

— Merci!

Il prend sa plume sur la table.

Viens avec moi, viens, ma fidèle plume!

Il entre, soutenu par Albertine, dans la salle de bain, dont les rideaux se referment.

SCÈNE XI

MARAT, au bain, caché par les rideaux; ALBERTINE, puis CHARLOTTE.

LA VOIX DU CONCIERGE, au bas de l'escalier.

Où vas-tu, citoyenne? On n'entre pas!

Charlotte ouvre la porte à droite, et paraît

ALBERTINE, sortant de la salle de bain.

Quoi donc!

Elle va vers Charlotte.

— Que viens-tu faire ici? — L'on n'entre pas.

CHARLOTTE, sur le seuil de la porte.

Pardon...

Je voudrais voir Marat.

ALBERTINE.

Marat n'est pas visible.

CHARLOTTE.

Mais c'est pour une affaire importante.

ALBERTINE.

Impossible.

CHARLOTTE.

Dites-lui que je viens de Caen; — je viens exprès;
— J'ai vu les Girondins; — je sais tous leurs secrets.

ALBERTINE.

Dis-les-moi. Tu me peux parler comme à lui-même;
Je suis sa femme.

CHARLOTTE.

Vous!

A part.

Grand Dieu! sa femme! — On l'aime!

Moment de silence. — Charlotte et Albertine se regardent.

ALBERTINE, à part.

Elle se trouble! — Elle a quelques mauvais desseins.

CHARLOTTE, à part.

Sa femme!

ALBERTINE, *à part.*

L'on a vu rôder des assassins.

A Charlotte.

— Arrière !

Charlotte fait un mouvement pour s'en aller.

MARAT, *derrière le rideau.*

Laisse entrer.

ALBERTINE.

Mais...

MARAT.

Laisse entrer, te dis-je.

— Approche, citoyenne.

CHARLOTTE, *à part, s'approchant du rideau.*

O ciel ! où vais-je ! où suis-je !

— J'ai peur.

MARAT.

N'est-ce pas toi qui m'as écrit tantôt ?

CHARLOTTE.

C'est moi.

MARAT.

Ne tremble pas ; approche et parle haut.

— Que sais-tu ?

CHARLOTTE.

Je ne puis rien dire qu'à vous-même.

MARAT.

Laisse-nous, Albertine.

Albertine sort lentement, à gauche.

SCÈNE XII

CHARLOTTE, MARAT, au bain, caché par les rideaux.

CHARLOTTE, à part.

Ah ! c'est l'instant suprême.
— Déjà !

Elle regarde à travers le rideau.

— Si je pouvais le voir !

Elle se rejette en arrière.

— Il est hideux !

Elle va en chancelant s'appuyer contre le mur.

MARAT.

Tu viens de Caen ? — Eh bien ! que faisaient les vingt-deux ?

CHARLOTTE, toujours appuyée contre le mur.

Hier, leurs bataillons sont sortis de la ville.
Ils marchent sur Paris.

MARAT.

Combien d'hommes ?

CHARLOTTE.

Dix mille.

MARAT.

Qu'ils viennent ! ils seront accueillis comme il faut.
— Quelle riche moisson, mordieu ! pour l'échafaud !

CHARLOTTE, à part, mettant la main sur sa poitrine, à l'endroit où est caché le couteau.

A moi, Dieu de Judith !

MARAT.

Attends, je vais écrire.
— Nomme les principaux.

CHARLOTTE, à part.

Tout mon courage expire.

MARAT.

Combien de députés ?

CHARLOTTE.

Dix-huit.

MARAT.

Nomme-les tous.

CHARLOTTE.

Buzot, Guadet, Louvet, Pétion... Barbaroux.

En nommant Barbaroux, elle porte la main à son couteau.

MARAT, répétant le dernier mot.

Barbaroux. — Va toujours; c'est pour la guillotine.

CHARLOTTE se débarrasse vivement de son mantelet, entre éperdument dans la salle de bain, en tirant son couteau, et le plonge dans le cœur de Marat.

Meurs donc ! — Meurs, scélérat !

MARAT.

A moi !... L'on m'assassine !

Charlotte sort égarée, jette le couteau par terre avec horreur, et reste immobile sur l'avant-scène.

SCÈNE XIII

CHARLOTTE, ALBERTINE, PROTE, AFFICHEURS, PORTEURS DE JOURNAUX, BROCHEUSES, PEUPLE.

Albertine accourt au cri de Marat et écarte le rideau. — On voit Marat étendu mort dans la baignoire.

ALBERTINE, poussant un cri effroyable.

Ah ! — Au meurtre ! au secours !

Elle se précipite vers l'antichambre, dont elle ouvre violemment la porte. — Le prote, les ouvriers, les brocheuses entrent tumultueusement. — Albertine revient vers Marat ; elle lui soutient la tête d'une main, et de l'autre montre Charlotte immobile.

Au meurtre ! — La voilà !
C'est elle !

On se précipite sur Charlotte ; — deux ouvriers la saisissent chacun par un bras ; d'autres vont vers la fenêtre et crient à l'assassin.

OUVRIERS ET BROCHEUSES.

A l'assassin !

Les passants, attirés par les cris, entrent à droite. — Le théâtre se remplit d'hommes et de femmes. Les uns regardent avec effroi le corps de Marat ; les autres menacent Charlotte. — Un homme du peuple lève une chaise sur la tête de Charlotte, toujours tenue par les deux ouvriers, et s'apprête à la frapper.

VOIX, dans la foule.

Tuez-la ! tuez-la !

La toile tombe.

FIN DU QUATRIÈME ACTE.

ACTE CINQUIÈME

ACTE V. — PERSONNAGES.

CHARLOTTE. — DANTON. — LE GEÔLIER. — GENDARMES.

ACTE CINQUIÈME

17 Juillet 1793. — La prison. — A droite, une table. — A gauche, la porte.

SCÈNE PREMIÈRE

CHARLOTTE, LE GEÔLIER.

Charlotte est assise devant la table ; elle est absorbée dans ses réflexions.

LE GEÔLIER, entrant et allant vers Charlotte.

Je viens du comité, suivant votre prière.

CHARLOTTE, relevant la tête.

Eh bien ! m'accorde-t-il ma demande dernière ?

LE GEÔLIER.

Je l'ignore. Il fera savoir sa volonté.

Il se retire au fond du cachot ; Charlotte reprend son attitude pensive.

Entre Danton.

SCÈNE II

CHARLOTTE, DANTON, LE GEÔLIER.

DANTON, au geôlier.

Annonce-lui Danton, membre du comité
De salut public.

Danton reste vers la porte. — Le geôlier s'approche de Charlotte et lui parle bas, en montrant Danton. Charlotte tressaille et se lève vivement. — Le geôlier revient vers Danton.

DANTON, au geôlier.

Va ; laisse-nous seuls.

Le geôlier sort.

SCÈNE III

CHARLOTTE, DANTON.

DANTON, toujours vers la porte, et se parlant à lui-même.

C'est elle !

CHARLOTTE, debout, examinant Danton.

C'est Danton ! — Quel visage étrange !

DANTON.

Qu'elle est belle !

Il fait quelques pas vers Charlotte.

Vous voilà, jeune fille au courage romain !

CHARLOTTE.

Vous voilà, fier tribun, effroi du genre humain !

DANTON.

Le poignard de Brutus chargea ces mains débiles !

CHARLOTTE.

Cette voix déchaîna les tempêtes civiles !

DANTON, se rapprochant encore de Charlotte.

Vous avez une grâce à demander ?

CHARLOTTE, *prenant deux lettres sur la table, et les présentant à Danton.*

Voici
Deux lettres que je viens d'écrire : celle-ci,
Pour Barbaroux ; cette autre est pour ma vieille aïeule.
On peut lire ; on verra que j'ai conspiré seule.
— J'attends du comité, généreux envers moi,
Qu'il daigne, après ma mort, en permettre l'envoi.

DANTON, *prenant les lettres.*

Donnez ; et fiez-vous, sans crainte, à ma promesse.
Toutes deux, je le jure, iront à leur adresse.
— J'étais au tribunal, et j'ai tout entendu,
Charlotte. Vous avez fièrement répondu.
J'ai désiré vous voir ; j'ai pensé que peut-être
Vous auriez quelque envie aussi de me connaître.
Nous devons nous comprendre. — Enfin, je vous le dis,

Charlotte fait un mouvement.

Vous m'avez remué ; j'aime les gens hardis. —
S'il est une faveur qui d'un homme dépende,
Vous pouvez, ô Charlotte, en faire la demande ;
Que je perde mon nom, si l'on n'y fait pas droit !

CHARLOTTE.

J'accepte, et je demande une réponse.

DANTON.

Soit.

CHARLOTTE.

Que font les Girondins dont j'ai servi la cause ?
— Sont-ils victorieux ?

DANTON.

Demandez autre chose.

CHARLOTTE.

Répondez! c'est promis. — Sommes-nous vainqueurs?

DANTON.

Non.

Vos amis ont été vaincus près de Vernon.

CHARLOTTE.

O Dieu! — Mais on pourra recommencer la lutte?

DANTON.

C'en est fait; cet échec a consommé leur chute.

CHARLOTTE, *après un silence.*

Encore un mot, Danton. — Quel est l'effet produit
Par la mort de Marat?

DANTON.

Entendez-vous ce bruit?

CHARLOTTE.

Oui.

DANTON.

C'est le dieu Marat, et son apothéose.
— Vous avez opéré cette métamorphose.
Le mépris général en aurait fait raison;
Votre coup de poignard l'envoie au Panthéon.

CHARLOTTE, tombant assise et baissant la tête avec découragement.

Ainsi, je fais un dieu de celui que je tue,
Et je vois, en mourant, la Gironde abattue !
— J'ai donc, sans aucun fruit, versé le sang humain !

DANTON.

Ne courbez pas le front. — Le cœur absout la main.
Vous vous êtes trompée, il est vrai ; mais qu'importe !
Les magnanimes, seuls, se trompent de la sorte.
— Ah ! nul n'est pur ; chacun a sa tache de sang ;
Et qui n'ose rien faire est le seul innocent.

LE GEÔLIER, entrant, à Charlotte.

Il faut vous préparer ; on attend.

CHARLOTTE.

Je suis prête.

DANTON, très-agité, et faisant signe au geôlier d'attendre.

Quoi ! déjà ! — quoi ! trancher une si noble tête !
— O pauvre enfant ! — Si belle ! — un cœur si généreux ! —

CHARLOTTE.

Gardez cette pitié pour d'autres malheureux :
La mort prompte, Danton, est tout ce que j'envie.
— Je suis un assassin, tant que je suis en vie.

DANTON.

C'est vrai. — Marche à la mort, noble fille ! et fais voir
Qu'ayant su la donner, tu sais la recevoir.

CHARLOTTE, se levant.

Danton, l'on m'avait dit, l'on ne m'a pas trompée,
Que vos fureurs cachaient une âme bien trempée.
J'aurais bien profité de mon dernier instant,
Et recevrais la mort d'un esprit plus content,
Si cette émotion, qu'après moi je vous laisse,
De tous vos bons penchants réveillait la noblesse,
Et tournait au profit de l'État défendu
Le génie effrayant qui l'a presque perdu.

DANTON.

Eh! Charlotte! malgré mon renom effroyable,
Pour n'être pas un saint, je ne suis pas un diable!
— N'emportez pas de moi cette idée au tombeau.
J'étais homme d'État, autant que Mirabeau.
Dès qu'un gouvernement recommençait à poindre,
J'y courais aussitôt, empressé de m'y joindre.
Vingt fois j'ai proposé la paix aux Girondins;
Mais je n'ai recueilli qu'injures et dédains.
On m'a bien méconnu, vraiment! — Leurs anathèmes
M'ont poussé, malgré moi, dans les partis extrêmes,
Qui les ont dévorés, nous dévoreront tous,
Et se dévoreront eux-mêmes, après nous.

CHARLOTTE, allant lentement vers Danton

N'accusez pas, Danton, le jugement du monde;
Nous subissons tous deux sa justice profonde.
— Vous reculez, saisi d'un tardif repentir,
Devant l'abîme ouvert qui va tout engloutir,
Et croyez qu'un remords doit vous rendre l'estime
De ceux que vous avez poussés dans cet abîme;

Mais vos imitateurs s'avancent sur vos pas ;
Où vous vous arrêtez, ils ne s'arrêtent pas,
Et l'émulation de leur sanglant délire
Recule, chaque jour, les limites du pire.
En vain, vous reniez leurs excès triomphants,
Ils sont nés en septembre, et ce sont vos enfants.

Danton tressaille. Charlotte continue d'un ton plus doux.

C'est votre châtiment de voir votre impuissance
Contre un débordement qui prit chez vous naissance,
Et de voir, qu'incrédule à vos premiers remords,
On ne vous tient pas compte, ailleurs, de vos efforts.
— Soumettons-nous tous deux, Danton, à notre peine,
Et sachons accepter, moi la mort, vous la haine.
Je ne puis, en retour de mon propre attentat,
Que mourir d'une mort inutile à l'État ;
Vous, plus heureux que moi, pour expier les vôtres,
Vivez, Danton, — vivez dans l'intérêt des autres.
Sauvez vos ennemis, quand même vous savez
Qu'ils vous outrageront dès qu'ils seront sauvés.

LE GEÔLIER, *rentrant, à Charlotte.*

On attend.

CHARLOTTE, *posant la main sur le bras de Danton.*

Méditez ces leçons de la tombe.

Elle va vers la porte ; là elle s'arrête, et fait un geste d'adieu à Danton.

Adieu, Danton.

Elle sort avec le geôlier. — On voit, par la porte ouverte, les gendarmes qui l'emmènent.

DANTON, *seul, et suivant des yeux Charlotte.*

Encore une tête qui tombe !
— Elle aujourd'hui ! — Demain les Girondins ! — Puis moi !

— Puis les autres ! — Telle est l'inévitable loi.
— C'est terrible et c'est grand. Soldat de son idée,
Chacun meurt pour sa foi, par son sang fécondée.
Mais l'œuvre est immortelle, et les hommes nouveaux,
Maudissant les acteurs, béniront les travaux.
— Allons ! jusqu'à la mort continuons la guerre !
Nous sommes encor deux ; — à nous deux, Robespierre !

FIN

NOTES

NOTE I.

ACTE I, SCÈNE II, PAGE 22.

Voir, au sujet de cette tentative de réconciliation entre Danton et les Girondins, les mémoires des Girondins, et entre autres ceux de Meilhan ; voir aussi les mémoires de Garat.

J'ai consulté soigneusement les mémoires des Girondins, et les discours et journaux des Montagnards ; j'ai eu entre les mains la collection complète des journaux de Marat, et je les ai tous lus. Je crois n'avoir rien fait dire à aucun de mes personnages historiques, qu'il n'ait dit, ou pu dire d'après le cours général de ses idées. Je m'en rapporte, sur ce point, au témoignage de ceux qui connaissent les documents originaux.

Un mot sur Danton. Les Girondins les plus hostiles, Louvet par exemple, Meilhan, etc., le représentent tel que je l'ai mis en scène. D'ailleurs, sans qu'il soit besoin de remonter aux sources, il y a longtemps que M. Thiers et M. Mignet lui ont rendu sa véritable physionomie, qu'on retrouve, dessinée à grands traits, dans l'*Histoire des Girondins*, de M. de Lamartine.

NOTE 2.

ACTE II, SCÈNE III, PAGES 38 ET 39.

Le mot de *sénat* pour désigner la *Convention*, et celui de *députés* pour désigner les *représentants du peuple*, étaient fréquemment employés par les orateurs et les journalistes de 1793, notamment par Danton, Robespierre et Marat.

NOTE 3.

ACTE II, SCÈNE VI, PAGE 59.

Cette scène n'a pas été représentée.

NOTE 4.

ACTE III, SCÈNE IV, PAGE 84.

Cette scène n'a pas été représentée.

NOTE 5.

ACTE IV, SCÈNE II, PAGES 97 ET SUIVANTES.

Voici la date des journaux de Marat, dont l'orateur lit des extraits :

Le Journal de la République française, intitulé plus tard *le*

Publiciste de la République française*, par *Marat*, *l'ami du peuple, avec cette épigraphe :

Ut redeat miseris, abeat fortuna secundis :

10 juin 1793, 12 juin 1793, 26 juin 1793, 23 juin 1793, 28 février 1793, 25 décembre 1792, 15 juin 1793.

NOTE 6.

MÊME ACTE, MÊME SCÈNE.

Journal de la Montagne, n° 53 (*mercredi 23 juillet* 1793). « On a trouvé à l'Arche-Marion des voitures de pain qui ont été jetées à l'eau. »

Le 26 juin 1793, émeute au port Saint-Nicolas pour piller un bateau de savon.

Le 28, émeute au Faubourg-Poissonnière, contre les accapareurs. (Buchez. — *Histoire parlementaire de la révolution française*, tome 28, pages 222, 225.)

Jacques Roux, Leclerc, Varlet et leurs adhérents, demandent qu'on *septembrise* les Girondins. (Buchez. — *Même volume*, page 222.)

NOTE 7.

ACTE IV, SCÈNE IV, PAGES 407, 408 ET 409.

Le monologue de Charlotte, dans le Palais-Royal, est abrégé, ainsi qu'il suit, à la représentation :

La scène du coutelier reste telle qu'elle est imprimée.

Charlotte, après avoir acheté le couteau, le cache dans son sein, et s'éloigne de la boutique du coutelier.

CHARLOTTE, seule.

Enfoncer le couteau moi-même! chose horrible!
— Puis-je donner la mort? ai-je ce droit terrible?
Quels que soient ses forfaits, ce n'est qu'au magistrat
Qu'appartient le pouvoir de condamner Marat,
Et quand les tribunaux manquent à leur office,
Est-ce à moi d'usurper l'œuvre de la justice?
Où s'arrêtera-t-on dans ce sanglant chemin,
Si chacun se fait juge, et punit de sa main?
— Pourtant combien sont morts et combien vont les suivre!
Je les laisse périr, si je le laisse vivre.
A cette alternative on se voit condamné:
Il faut qu'il assassine ou soit assassiné.
A quel titre d'ailleurs, et par quel privilége
L'homme sans loi veut-il que la loi le protége!
Il est certains moments dans le cours des États,
Où la loi ne peut rien contre les attentats;
Dès lors qu'elle n'est plus la gardienne suprême,
Chacun reprend le droit de se garder lui-même;
Chacun selon son bras défend son étendard,
Les hommes par l'épée, et moi par le poignard.
Que si, tout pur qu'il est, mon dévoûment s'abuse,
Si le meurtre jamais ne peut avoir d'excuse,
Si je ne dois laisser qu'un renom criminel
Et chargé justement d'un opprobre éternel,
C'est affreux; l'échafaud est un moindre supplice.
— N'importe! je puis faire encor ce sacrifice.
Braver la mort n'est rien; mais le mépris bravé
Est un effort plus rare et qui m'est réservé.
Que je sauve la France et que je sois flétrie!
La honte soit pour moi! le fruit pour ma patrie!
Puisse l'acte féroce auquel je me résous
Rendre quelque énergie aux gens de bien trop mous!
Qu'ils exècrent mon nom; qu'ils m'appellent infâme:
Mais rougissent d'avoir moins de cœur qu'une femme!
Puissent, puissent aussi trembler les malfaiteurs!
Et si jamais Marat a des imitateurs,
Ils songeront du moins que la vengeance veille,
Et que Charlotte aussi peut avoir sa pareille;

Un monstre tel que lui, s'il échappe à la loi,
Craindra de rencontrer un monstre tel que moi.

Entre la petite fille en sautant à la corde.

Le reste conforme à l'édition.

NOTE 8.

ACTE V, PAGE 143.

Cet acte n'a été représenté qu'une fois. Il est la conclusion et la moralité du drame.

Ces retranchements ont été faits soit à raison de la durée du spectacle, soit pour les exigences de l'action théâtrale.

NOTE 9.

ACTE V, SCÈNE II.

Charlotte avait en effet demandé au comité du salut public la permission d'envoyer à leur adresse ses deux lettres écrites, l'une à son père, et l'autre à Barbaroux. (Voir son interrogatoire.) — Danton était, à cette époque, membre du comité.

Quand Charlotte est allée à l'échafaud, Danton, qui avait assisté à son procès, et qui avait été frappé de ses réponses, s'est placé sur son passage, ainsi que Robespierre et Camille Desmoulins.

NOTE 10.

Charlotte Corday était l'arrière-petite-fille de Marie Corneille, sœur de Pierre Corneille.

Ses réponses au tribunal révolutionnaire établissent d'une manière incontestable qu'elle a voulu venger la Gironde, et qu'elle était républicaine et non pas royaliste.

« Le président :

« D. — Y avait-il longtemps que vous aviez formé le projet de tuer Marat ?

« R. — Depuis l'affaire de 31 mai, jour de l'arrestation des députés du peuple..... J'ai tué un homme pour en sauver cent mille..... J'étais *républicaine bien avant la révolution*, et n'ai jamais manqué d'énergie. »

FIN DES NOTES.

IMPRIMERIE DE J. CLAYE ET Ce, RUE SAINT-BENOÎT, 7.

www.ingramcontent.com/pod-product-compliance
Ingram Content Group UK Ltd.
Pitfield, Milton Keynes, MK11 3LW, UK
UKHW021152260726
13994UKWH00001B/404